俄语四、八级考试必备系列

俄语专业八级
统测指南与模拟训练（上）
（阅读、写作、语法、词汇）

主　编　王铭玉
副主编　于　鑫　戴昕音

图书在版编目(CIP)数据

俄语专业八级统测指南与模拟训练.上,阅读、写作、语法、词汇/王铭玉主编.
—北京:北京大学出版社,2015.9
(俄语四、八级考试必备系列)
ISBN 978-7-301-25551-3

Ⅰ.①俄… Ⅱ.①王… Ⅲ.①俄语-高等学校-水平考试-自学参考资料 Ⅳ.①H350.42

中国版本图书馆CIP数据核字(2015)第034215号

书　　名	俄语专业八级统测指南与模拟训练(上)(阅读、写作、语法、词汇)
著作责任者	王铭玉　主编
责任编辑	李　哲
标准书号	ISBN 978-7-301-25551-3
出版发行	北京大学出版社
地　　址	北京市海淀区成府路205号　100871
网　　址	http://www.pup.cn　　新浪微博:@北京大学出版社
电子信箱	pup_russian@163.com
电　　话	邮购部62752015　发行部62750672　编辑部62759634
印刷者	三河市博文印刷有限公司
经销者	新华书店
	787毫米×980毫米　　16开本　　9印张　　196千字
	2015年9月第1版　2015年9月第1次印刷
定　　价	35.00元(配有光盘)

未经许可,不得以任何方式复制或抄袭本书之部分或全部内容。
版权所有,侵权必究
举报电话:010-62752024　电子信箱:fd@pup.pku.edu.cn
图书如有印装质量问题,请与出版部联系,电话:010-62756370

目 录

一、八级须知　　1

二、阅读理解　　3
　　模拟练习2套　　3

三、写作范例汇编　　16
　　1. 生活理想类　　16
　　2. 品德修养类　　20
　　3. 读书求知类　　26
　　4. 科技创新类　　28
　　5. 环境保护类　　31
　　6. 社会生活类　　34
　　7. 励志类　　38
　　8. 体育类　　41
　　9. 国家情感类　　44
　　10. 写人记事类　　47
　　11. 写景说明类　　54
　　12. 书信类　　56
　　13. 其他题材　　59

四、八级真题模拟　　62
　　2005年全国高校俄语专业八级水平测试试卷　　62
　　2007年全国高校俄语专业八级水平测试试卷　　78
　　2009年全国高校俄语专业八级水平测试试卷　　93
　　2011年全国高校俄语专业八级水平测试试卷　　109
　　2013年全国高校俄语专业八级水平测试试卷　　125

课件目录

一、八级须知

二、阅读练习
　　阅读练习模拟18套

三、写作练习
　　写作练习6套

四、语法词汇练习
　　语法词汇练习9套

五、八级真题
　　2010年八级考试真题
　　2008年八级考试真题
　　2006年八级考试真题
　　2004年八级考试真题

一、八级须知

考试时间安排

测试项目	测试时间	测试要求
第一部分：口语表述	8:30—8:40 共10分钟	考生在听到口语表述题目后，有2分钟准备时间，2分钟后，考生听到语音提示后，开始答题。答题约2分30秒时，有一声提示铃，30秒钟后，主控台的考试带发出语音提示："时间到，口语考试结束"，至此，口语考试部分结束。
第二部分：听力理解	8:40—9:00 共20分钟	听力考试共15题，每篇录音材料及问题播放两遍，第二遍问题后留有10秒左右的时间供学生完成选择。全部录音放完后，考生有2分钟时间将答案涂到客观题答题卡上。
第三部分：综合知识、阅读理解	9:00—10:00 共60分钟	答案务必分别填涂（写）在客观题答题卡、翻译答题卡和写作答题卡上的答题区域内，超出答题区域的答案无效；三张答题卡须分别填写姓名并填涂准考证号。
第四部分：翻译考试	10:00—10:50 共50分钟	
第五部分：写作考试	10:50—11:30 共40分钟	

题目类型

序号	题号	项目		题型	题数	记分	考试时间（分钟）
Ⅰ		口语表述		主观	1	10	10
Ⅱ	1-15	听力理解		客观	15	15	20
Ⅲ	16-45	综合知识	语法词汇修辞	客观	18	15	30
			文学		6		
			国情文化		6		
Ⅳ	46-65	阅读理解		客观	20	20	30
Ⅴ		翻译		主观	2	20	50
Ⅵ		写作		主观	2	20	40
合计					70	100	180

考试内容及要求

一、口语表述：

能就我国和对象国的政治、外交、经济、社会、文化等方面的常见话题进行口语表述。语音语调自然，言语连贯，表述基本正确。语速不低于60词/分钟。

二、听力理解：

能听懂俄罗斯国家电台和电视台的新闻报道、各种讲话、谈话、文献片、专题节目以及其他原声材料，语速约为120－150词/分钟。

三、阅读理解：

能读懂报刊上一般性的时事述评、一般的科普文章和中等难度的文学作品。阅读速度为100－120词/分钟，总量为2500词左右，其中生词不超过3%。

四、综合知识：

检查学生对教学大纲中规定的语法、词汇、修辞、文学、国情文化知识的掌握情况。

五、翻译：

俄译汉：一般性文学作品、政论文、科普资料及外事外贸应用文。速度为每小时250－300词。

汉译俄：反映我国政治、经济、文化、生活等方面的浅近文章。速度为每小时150－200汉字。

六、写作：

180词左右的议论文或说明文。考试方式：命题作文、读后感或看图写作。

其他注意事项

试题应在考场按场次先后顺序当众开封，不得一次发完所有试卷。

考生须将自己的姓名及考号写在客观题答题卡上，主观题答题纸上只写考号。

客观选择题的答案选定后，用2B铅笔在答题卡上相应字母的中部画一条横线（[A] [B] [C] [D]）。画线要有一定粗度，浓度要盖过字母的颜色，如果要改动答案，必须先用橡皮擦净原来选定的答案，然后再按规定重新答题。答题卡不得折叠。

写作必须用钢笔或圆珠笔书写。

考试时不得使用词典及其他工具书。

考试必须严格按规定要求进行，不得拖延时间。考试结束时，待监考老师收卷完毕后，考生方可离开考场。考卷及答题纸均不得带走。

二、阅读理解

模拟练习2套
第1套

Текст 1

По царскому указу «С Новым годом! С новым счастьем!» – эти привычные слова мы произносим обычно в новогоднюю ночь, которую принято по традиции проводить в кругу семьи и самых близких друзей. Нечто подобное произносили еще в 153 году до нашей эры. Именно тогда древние римляне ввели обычай веселиться всю ночь напролет и дарить под Новый год подарки с пожеланиями удачи и счастья.

Долгое время древние славяне праздновали Новый год 1 марта, связывая этот день с наступлением тепла и началом полевых работ. В 1492 году начало года на Руси было официально перенесено на 1 сентября. А с 1699 года согласно указу Петра I наши предки стали отмечать Новый год 1 января. По случаю праздника в канун 1700 года великий государь собственноручно зажег на Красной площади первую ракету. Повсюду зазвонили колокола. Раздались звуки труб, литавр. Гулянья продолжались всю ночь. Согласно царскому указу обязательным атрибутом новогоднего праздника признавались нарядно украшенные сосновые и еловые деревья. Это нововведение особенно пришлось по душе владельцам трактиров. После окончания праздничных торжеств они затаскивали уже никому не нужные деревья на крыши своих питейных заведений и использовали их в качестве опознавательных знаков. Такие кабаки в народе называли елками.

Среди крестьян обычай ставить на Новый год елку прижился не сразу. Зато в домах столичной знати ель быстро признали. В дни новогодних торжеств она считалась здесь самой почетной гостьей. Ее ставили на стол или специальное возвышение, украшали свечами и другими предметами. Первые елочные игрушки и украшения из бумаги и папье-маше появились лишь к концу XIX столетия. А вот карнавальные маски у новогодней елки надели в нашей стране немного раньше, в начале XVIII века, когда был устроен первый пышный маскарад по случаю заключения мира со Швецией. Впоследствии маскарады вошли в традицию. С давних времен до наших дней сохранилась и другая добрая традиция – дарить под Новый год друг другу подарки. Особенно приятно найти этот подарок под елкой. А для детворы нет большей радости, чем получить новогодний подарок из рук Деда Мороза.

Как известно, в каждой стране свой Дед Мороз. Например, в Испании оставляет подарки на подоконнике святая Екатерина. Когда-то наши предки считали Деда Мороза – властителя холода, снега, вьюг и ветров – вредным стариком, который бегал по полям, тряс длинной бородой, стучал посохом и вызывал трескучие морозы. У славян существовал особый ритуал задабривания Деда Мороза. Накануне Рождества глава семьи выглядывал в окно или за порог избы и предлагал: «Мороз, Мороз! Приходи кисель есть! Мороз, Мороз! Не ешь овес!» Со временем он изменил свой характер, превратившись в добряка и весельчака, которому рады в каждом доме.

1. С какого года предки русских начали праздновать Новый год первого января?
A) С 1699-ого года.   B) С 1492-ого года.
C) С 1700-ого года.   D) С 153-ого года.

2. Что называли елками в русском народе?
A) Кабаки.   B) Дерево.   C) Почетную гостью.   D) Новый год.

3

3. Когда маскарады вошли в русскую традицию?
A) К концу XIX столетия.   B) В начале XVIII века.
C) К концу XVIII века.   D) В начале XIX столетия.

Текст 2

В библиотеке № 42 в Люблине, которая уже давно работает как молодежный интеллект-центр, существуют компьютерные курсы. На этой неделе первый уровень подготовки завершили две ученицы: Валентина Спицына и Зинаида Французова. Возраст выпускниц: одной – 73, другой – 75 лет! Бабушки были соседями еще по старой квартире на Волжском бульваре. А теперь их переселили на ул. Чистова, и квартиры опять оказались рядышком. На компьютерные курсы тоже решили пойти вместе. «Мышек», с которыми обычно у всех новичков проблемы, бабушки «приручили» сразу. Сложнее всего давалось общение с клавиатурой. Но помогало то, что Валентина Михайловна говорит по-английски, а Зинаида Алексеевна – по-немецки. Несмотря на все сложности, на днях они уже отправили в правительство Москвы первое свое электронное письмо. И сразу – о самом насущном. В своем письме они предложили реконструировать здание, которое стоит рядом с их домами, под центр детского творчества. «Замечательно, что можно связаться с властями через Интернет. Собственно, это одна из причин, почему мы пошли учиться, – добавляет Зинаида Алексеевна. –Не нужно никуда бежать, стоять в очередях».

Бабушки часто заглядывают в компьютерный клуб, чтобы почитать свежие новости, – ведь интересно же» что происходит в мире. Интернет-книгами не увлекаются: так как издания приятнее читать красивые, бумажные, а на мониторе глаза устают. Как только войдут в Интернет» сразу спешат в поисковую систему. «Раньше мы бегали по магазинам с авоськами» а теперь можем искать все нужное в Интернете, – улыбается Зинаида Алексеевна. – В какой аптеке дешевле лекарства, что за театры распространяют бесплатные билеты и т. д.». С веселыми прибаутками о прогулках в Интернете соседствуют воспоминания о далекой войне. Как еще совсем молоденькая Зина два дня в неделю училась? а остальное время работала. И как в ответ на просьбу дать ей, инвалиду и ветерану труда, звание «труженик тыла» получила обидный отказ: «В ведомостях не числитесь» (кстати, бабушки собираются побороться за получение этого заслуженного обеими звания через Сеть). И как девушка Валенька каждое военное лето убирала урожай, а зимой шила варежки с двумя пальцами, чтобы солдатам было удобно нажимать на курок. «Такое было время», – вздыхают они. И время действительно изменилось, если даже обычные московские бабушки превратились в продвинутых и нтернет-пользователей.

4. С какой трудностью столкнулись бабушки на компьютерных курсах?
A) Возраст бабушек слишком большой.   B) Бабушки живут далеко.
C) Они не умеют пользоваться «мышью».   D) Им трудно общаться с «клавиатурой».

5. Зачем бабушки часто заглядывают в компьютерный клуб?
A) Чтобы узнать о свежих новостях.
B) Чтобы отправить письмо.
C) Чтобы купить что-нибудь.
D) Чтобы через сеть познакомиться с друзьями.

6. Почему бабушки, как только войдут в интернет, сразу спешат в поисковую систему?
A) Потому что они хотят найти себе все нужное в интернете.

B) Потому что они хотят получить бесплатные билеты.
C) Потому что они хотят вспомнить о своем прошлом.
D) Потому что они хотят побороться за получение звания.

Текст 3

Социологические исследования последних лет показывают, что ислам стал самой динамичной мировой религией. В США, например, «нацией ислама» именуют себя миллионы афроамериканцев, чьи предки ничего не знали о пророке Мухаммеде, а в Германии местная немецкая община мусульман насчитывает уже сотни тысяч последователей. Уже вполне оформилось и устоялось такое диковинное явление, как евроислам. Современная мода на евроислам на Западе чем-то напоминает хипповскую моду на буддизм или кришнаизм 60 – 70-х годов: очень заманчиво смотрится экзотическая культура со своей специфической духовной практикой, особенно если о ней рассказывают твои соотечественники и на понятном тебе языке. Рано или поздно проповедь евроислама начнется и в нашей стране? – и наверняка она будет восприниматься как последний писк европейской моды в стиле «этно-техно». Впрочем, сегодня мы уже можем говорить о том, что как культурно-политический феномен вполне

состоялся и наш отечественный «русский ислам». Основную массу русских мусульман, как это ни банально прозвучит, составляют русские девушки, вышедшие замуж за мусульман. Как правило, до брака они были религиозно безразличны» поэтому без особых трудностей восприняли веру мужа, тем более что «традиционный ислам» в России крайне либерален и не требует отказа от привычного уклада жизни. Вторую заметную группу русских мусульман составляют национал-радикалы. Они приходит к поклонению Аллаху двумя путями – либо через политический экстремизм, либо через религиозные искания на почве яростного антисемитизма. Как и свойственно неофитам, радикальные русские мусульмане стараются следовать своей новой религии с полной самоотдачей – уже созданы настоящие русские ваххабитские джамааты, которые числят в своих рядах более 200 соплеменников. Наконец. самую малочисленную, но и самую яркую группу русских мусульман составляют в меру либеральные интеллигенты, отвергшие христианство в зрелом возрасте и также под влиянием либеральных идей. Тут в первую очередь надо упомянуть Вячеслава Полосина, бывшего протоиерея РПЦ. принявшего в исламе имя Али. С его сенсационным обращением в ислам была связана целая пиар-кампания, подогревшая доброжелательный интерес российской интеллигенции к религии пророка. Эстетствующие ценители Востока – андеграундные поэты и художники – больше тянутся к эзотерическим суфийским трактатам - Ниматуллахи или Тиджанийя. В общем» если правы те» кто называет нашу эпоху постхристианской, то интеллектуалам и политикам стоит серьезнее присмотреться к русскому исламу. И главное – понять, как сконструировать его таким образом, чтобы русский человек, склонный к максимализму и безудержному самопожертвованию, не выбрал своей « руководящей и направляющей» какой-нибудь новый «Талибан»...

7. Кого называют «нацией ислама» в США?
A) Евроислам.   B) Предков афроамериканцев.
C) Последователей евроислама.   D) Афроамериканцев.

8. Кто составляет основную группу русских мусульман?
A) Либеральные интеллигенты.   B) Национал-радикалы.
C) Девушки, которые вышли замуж за мусульман. D) Андеграундные поэты и художники.

9. Как радикальные русские мусульмане стараются следовать своей новой религии?
A) С полной самоотдачей. B) Безразлично.
C) Добра желательно. D) Под влиянием либеральных идей.

Текст 4

Среди особенностей легендарных швейцарских франков – не только стабильность на валютных биржах.

Мало кто обращает внимания на то, что на этих банкнотах текст написан на четырех языках: немецком, французском, итальянском и реторороманском. Что, впрочем, естественно: все четыре провозглашены государственными языками Швейцарии, первые три – официальными.

Ну а один из вопросов, занимающих нашего соотечественника, впервые попавшего в эту страну, примерно такой: неужели щвейцарцам не мешает их «многоязычие».

Свыше двух третей населения считают родным немецкий язык, примерно каждый пятый – французский, один из двадцати – итальянский. Первые проживают в основном на севере страны, вторые – на западе, третьи – на юге. На востоке сосредоточилось «ретороманоязычное» меньшинство.

Еще с детских лет щвейцарец начинает усваивать тот факт, что «чужие» языки надо учить как следует. В школе обязательным считается хорошее знание, как минимум, двух языков. По возможности школьники и студенты стараются осилить и третий, понимая, что в Швейцарии – стране туризма и международных контактов – расположенной на «европейском перекрестке», шанс получить приличную работу напрямую связан с языковым образованием.

В то же время в любой точке страны можно с равным успехом «поймать» хотя бы один теле- или радиоканал, вещающий на немецком, французском или итальянском. В любом киоске или магазине швейцарец без труда находит газету или книгу на том языке, который считает родным. Вся окружающая письменная информация обычно дается на трех или даже на четырех языках.

Свидетельством особого внимания к языковой сфере является, в частности, положение» в котором находится ретороманский язык. Перевод на него всей официальной документации не обязателен, однако на нем ведется особое некоммерческое теле- и радиовещание, налажен стабильный выпуск книг, газет и журналов.

Подобная практика, конечно, требует крупных государственных ассигнований. Однако швейцарцы, имеющие в Европе репутацию людей бережливых, в данном случае мирятся с дополнительными расходами, считая языковой вопрос весьма серьезным.

Доказательства этой серьезности можно, кстати, найти в швейцарской истории. Четыре века назад страну сотрясали кровопролитные гражданские войны, причиной которых были языковые различия. Остатки былой неприязни встречаются и сегодня не бытовом уровне: например, в немецкоговорящих кантонах на улице могут демонстративно не ответить на обращение, произнесенное по-французски. Но это все же случается нечасто. В целом же швейцарской языковой гармонии завидуют во многих странах.

10. Официальными языками Швейцарии провозглашены _____.
A) итальянский, английский, немецкий B) итальянский, английский, французский
C) итальянский, ретороманский, французский D) итальянский, французский, немецкий

11. _____ считают родным французский язык.
A) Каждый пятый B) Меньше трети населения

C) Свыше двух третей населения   D) Один из двадцати

12. В школах Швейцарии обязательным считается хорошее знание _____.
A) одного иностранного языка   B) двух иностранных языков
C) трех иностранных языков   D) трех или четырех иностранных языков

13. В Швейцарии на реторороманском языке ведется особое некоммерческое теле- и радиовещание, потому что _____.
A) в Швейцарии нет перевода на него всей официальной документации
B) в Швейцарии обращают особое внимание на него
C) в Швейцарии он не является главным языком
D) в Швейцарии на этом языке мало говорят

Текст 5

На первый взгляд москвичу как профессионалу состояться в Москве легче, чем приезжему, и стартовые позиции у него заведомо лучше, и выбор шире, и связи, так необходимые при продвижении по карьерной лестнице, наладить проще: с кем-то учился в школе, с кем-то дружил в институте, с кем-то начинал работать. Школьные и институтские знакомства, полезные связи родителей – неплохой трамплин для начала карьеры.

Связи помогают быть в курсе событий. Когда знаешь ответы на вопросы «Когда?», «Где?», «Как?», больше вероятность оказаться в нужном месте в нужное время. Вспомним первую волну приватизации. Знания расстановки сил было достаточно, чтобы сколотить состояние. Кто владел таким знанием? Те, кто работал или хотя бы просто имел знакомых в крупных государственных структурах. А большинство из них сосредоточено в Москве. Сравнительно быстрый доступ к информации также позволяет быстрее достичь высокого положения.

Но с другой стороны, имея прекрасные стартовые позиции, москвичи проигрывают провинциалам. Почему? А комфортная обстановка расслабляет. Москвичу не надо вписываться в жестко конкурентную, порой даже агрессивную среду, он в ней живет, она для него естественна и органична. Вот здесь часто происходят странные вещи. Москвич теряет темп, ему не надо выживать, как приезжему, он хочет просто жить, и жить по возможности красиво. Поэтому абы на какую работу он не пойдет, а будет искать место попрестижнее, даже юли ничего еще не умеет. Москвич может себе позволить какое-то время не работать. Ведь ему не надо платить за квартиру, да и родители помогут. А проезжий в это время крутится, берется за все и набирается опыта. И через какое-то время у приезжего оказывается больше пенсов состояться. Потому что он их активно использовал.

Есть еще один интересный момент. Для провинциала Москва – это шанс, это резкий рывок вперед. А какие перспективы у москвича? Париж? Нью-Йорк?

В Москву из провинции приезжают люди, как правило, уже состоявшиеся там, у себя, уже что-то умеющие, чего-то добившиеся. У них есть цель, они знают, чего хотят. Им сложнее, чем москвичам. Все чужое – город, ритм, отношение, среда. И надо очень постараться, чтобы стать своим в этом городе, уравнять шансы на успех. В провинции существует иллюзия, что Москва – это поле чудес. Достаточно открыть магазин в столице, и люди повалят валом, деньги потекут рекой. Я, кстати, тоже так думал и надеялся, что например, выручка в наших московских магазинах будет значительно выше аналогичных в Питере. Каково было мое удивление, когда в Москве при более высокой аренде продажи были не только не выше, а зачастую и ниже питерских!

В такой момент ты понимаешь, что ничего «сладкого» и легкого в Москве нет. Наоборот, надо как-то удержаться, закрепиться и развиваться. При такой постановке вопроса человек начинает «молотить» с бешеной скоростью, постоянно придумывать и отрабатывать все новые и новые идеи, когда возврата назад нет, ничего не остается, как только идти вперед. И это приносит результат.

Для столичных обитателей все не так уж и трагично: ну не получится одно, поживем – увидим, может, что-то другое «выгорит». Конечно, у москвича изначально, на старте, может быть больше связей. Но с другой стороны, как показывает практика, связи приобретаются в «процессе». Нужно лишь не останавливаться на полпути. А главное – потом, когда вы достигнете цели, никто не сможет упрекнуть вас в том, что это заслуга родителей или знакомых.

В своей компании мы стараемся использовать принцип «Формирование событий силой мысли». Если ты чего-то сильно захочешь, то обязательно сможешь. А если хочешь и можешь то, обязательно получится. Желание плюс немного усилий – и мир поддастся под вашим напором. Какая разница – из столицы вы ли нет.

14. Почему москвич проигрывает провинциалам?
A) Потому что он злоупотребляет своими связями.
B) Потому что он стремится к уютной обстановке.
C) Потому что он имеет мало шансов.
D) Потому что он берется за вес.

15. Как провинциал может состояться в Москве?
A) Он должен очень стараться.
B) Он просто открывает магазин.
C) Он должен обращаться к москвичу за помощью.
D) Он должен выживать.

本套阅读练习参考答案：A A B D A A D C A D A B B B A

第2套

Текст 1

Улыбка у многих народов является важным и часто обязательным элементом общения. Традиционно говорят об улыбающихся народах – американцах, немцах, японцах и о неулыбчивых – например, скандинавских народах. Русские при их традиционных качествах – доброжелательности, гостеприимстве – не принадлежат к улыбающимся народам.

Чем это объясняется? Тысячелетним периодом жизни в суровых климатических условиях, длительной борьбой за выживание, особым психическим складом русского человека?

Улыбка у русских выполняет иные функции, чем в Америке, Европе, Юго-Восточной Азии.

У русских не принято улыбаться незнакомым людям на улице. Это может рассматриваться как нарушение правил приличного поведения.

Русские не обязательно улыбаются собеседнику. Это не значит, что они неприветливы. Приветствие сопровождается, обычно, особой интонацией, выражением лица.

Улыбка не принята при выполнении служебных обязанностей. Считается, что, занимаясь серьезным делом, человек должен быть и сам серьезен.

Для улыбки, смеха существует другое, отдельное от работы время. «Делу – время, потехе – час» – говорит русская пословица.

Для улыбки у русского человека должна быть причина. Призыв Дейла Карнеги («Улыбайтесь собеседнику!») не всегда понятен русскому человеку, так как в ответ можно услышать: «Чему улыбаться-то? Жизнь трудная. Нечему улыбаться!» В русском языке есть несколько грубоватая поговорка: «Смех без причины – признак дурачины». То есть, если человек без причины смеется, то он не очень умен.

Улыбка из вежливости, на западный манер, многими русскими рассматривается как искусственная, а значит – неприятная. Русскими признается искренняя, добродушная улыбка, демонстрирующая личную симпатию к собеседнику.

Иностранцам не нужно болезненно реагировать на отсутствие улыбки у работников русского сервиса. Они не улыбаются часто в силу русских коммуникативно-культурных традиций. Правда, русские сами часто жалуются, что люди в сфере обслуживания неулыбчивы.

Помните, специфика улыбки ставит Россию в особое положение по отношению к Западу и Востоку.

1. Почему русские принадлежат к неулыбчивым народам?
A) Из-за быстрого темпа жизни русским некогда улыбаться.
B) У русских свои коммуникативно-культурные традиции.
C) Русские серьезны и не гостеприимны.
D) Русские – народ с особым психическим складом.

2. На что иногда жалуются русские?
A) На отсутствие улыбки у обслуживающего персонала.
B) На отсутствие улыбки при выполнении служебных обязанностей.

C) На то, что русские принадлежат к неулыбчивым народам.
D) На то, что у России особое положение по отношению к Западу и Востоку.

3. В каких случаях русские улыбаются?
A) Когда они встречаются на улице с иностранцами.
B) Когда они встречаются на улице с незнакомыми людьми.
C) Когда они демонстрируют личную симпатию к собеседнику.
D) Когда они демонстрируют вежливость по отношению к собеседнику.

Текст 2

Старушек в этом ресторане кормят бесплатно. Первым, вторым и еще поят соком. Правда, только по воскресеньям и в период с двенадцати до часа. И только двадцать пять – двадцать семь человек за раз, больше зал не вмещает.

Эти благотворительные обеды появились очень давно, около восьми лет назад. Еще в период начала предпринимательства к директору кооператива общественного питания стала захаживать секретарь партийной организации. Она просила проспонсировать еду для старушек. Но получила отказ. Правда, директор обещал подумать об этом через полгода, когда дела пойдут получше. Ровно в срок женщина пришла снова. Директор согласился давать бесплатные обеды один раз в неделю, но поставил несколько условий. Во-первых, старушек не должно быть более тридцати человек. Во-вторых, они должны жить в том же доме, где находится кафе и где проживает директор, или хотя бы поблизости. В-третьих, это должны быть люди из категории малоимущих.

– Я думаю, нельзя помочь сразу всем, целому народу, – рассуждает хозяин кафе. – Подобное абстрактное «человеколюбие» всегда приводит только к большим бедам и большой крови. Благими намерениями? как известно… Нужно другое – конкретная помощь конкретным людям. Если каждый сильный будет помогать тем слабым, кто рядом, вот тогда все будут счастливы. Только не надо сообщать адрес моего кафе в журнале, ладно?

Для старушек эти воскресные обеды стали чем-то вроде клуба по интересам.

Кормят старушек не «отходами производства», для них готовят специальную пищу. Бабушки ведь не могут бифштекс разжевать, вот им и подают котлетки, филе. Любимое блюдо – обжаренная любительская колбаса. Иногда хозяин ресторана и сам захаживает, интересуется, как старушек кормят, нет ли жалоб. А чтобы персонал готовил вкусно, иногда требует и ему то же, что старушкам дают, на обед подать. Приходят шефы из Совета ветеранов, смотрят, хорошо ли обращаются со старушками.

Многие уносят еду домой, потому как в двенадцать еще некоторым обедать рано. Тем старушкам, что не могут сами прийти, носят еду домой. Хотя, что это я все «старушки, старушки». Присутствуют в ресторане и представители сильного пола. В количестве трех человек. Старички рестораном довольны, говорят, готовят вкусно, сытно, чисто и обслуживание на хорошем уровне. А в праздники им устраивают специальные праздничные обеды.

Старушка Валентина Васильевна: «На Пасху нас поздравляют, дают яйца крашенные. На Рождество – коробки конфет, в Новый год – фрукты, еще с 8 марта поздравляют».

Старушка Таисия Владимировна: « Готовят вкусно, все чисто, аккуратно. Хорошо обслуживают, прямо как в ресторане. Я жду воскресений как праздников. Боюсь, как бы чего не случилось с директором».

Отрадный факт, между прочим, – простой народ заботится о здоровье «нового русского».

В это воскресенье старушки не придут в ресторан. Он будет закрыт на санитарный день. Но бармен сообщил об этом старосте заранее, и старушки уже знают» что обед им выдадут сухим пайком в субботу.

4. При каких условиях директор согласился давать бесплатные обеды?
A) Ограничить количество обедающих в зависимости от пола и возраста.
B) Ограничить количество обедающих в зависимости от возраста и места проживания.
C) Ограничить количество обедающих в зависимости от места проживания и социального состояния.
D) Ограничить количество обедающих в зависимости от места проживания и их отношения к директору.

5. Почему бабушкам не подают бифштекс?
A) Потому что бифштекс – это не самое хорошее блюдо.
B) Потому что бифштекс – это слишком дорогое блюдо.
C) Потому что они не любят «производственные отходы».
D) Потому что у бабушек зубы плохо работают от старости

6. Сколько мужчин кормят в этом ресторане бесплатно?
A) Ни одного. B) Трех. C) Двадцать пять. D) Двадцать семь.

7. Что вы узнали из этого текста о предпринимателях?
A) Все предприниматели и простой народ заботятся друг о друге.
B) Все предприниматели ставят денежные интересы выше всего.
C) Не все предприниматели ставят денежные интересы превыше всего.
D) Никто из предпринимателей не ставит денежные интересы выше всего.

Текст 3

Можно было бы оставить филологам удовольствие толковать слова «брэнд», «торговая марка» и «товарный знак», если бы не два вопроса. Формируя брэнд, компания раскручивает товарный знак или название компании? И что такое, например, «Красный Октябрь» или «Вимм-Билль-Данн»? Вопрос не праздный, если учесть, что товарный знак и название компании по-разному регистрируются и в разной степени защищены законом.

Брэнд и марка, если обращаться к английскому языку, – синонимы. Оба слова обозначают прежде всего отличительный знак – клеймо, фабричную марку, которыми отмечали товар.

Но далеко не вес специалисты считают, что брэнд и торговая марка – это абсолютные синонимы. Существует, например, трактовка, в соответствии с которой брэнд – это раскрученное имя, на которое потребители переносят комплекс ожиданий от товара. А торговая марка – это только название, которое лишь при определенных условиях может стать брэндом.

С точки зрения юриста, занимающегося вопросами интеллектуальной собственности, правильный термин – «товарный знак». Некоторые юристы выступают категорически против появления, например, на страницах газет словосочетания «торговая марка», потому что это вносит путаницу в головы бизнесменов. Товарный знак – и никаких торговых марок!

Что касается слова «брэнд», то оно пока не зафиксировано, т. е. нелегал в русском языке. Однако у него есть шанс остаться в русском языке. Во-первых, русские традиционно относятся с большим уважением к иностранным словам. Во-вторых, термин «брэнд» из-за своего иностранного происхождения гораздо менее расплывчат, тогда как составляющие термина «торговая марка» традиционные и имеют несколько значений.

«Торговая марка» существует в русском языке давным-давно: она была зафиксирована в законодательстве 1936 г. «Торговая марка» понималась тогда как знак предприятия. С тех пор термин из законодательства был изъят, но в бизнес-языке сохранился.

Существует широкое и узкое понимание термина «торговая марка». В узком понимании «торговая марка» – это набор внешних атрибутов, выделяющих товар или компанию среди других товаров и компаний. Но это понятие используется и как более широкое, включающее весь комплекс представлений о компании – от имени до репутации. Возможно, это то же самое, что многие называют «зонтичным брэндом».

Компания «Вимм-Билль-Данн» выпускает и соки, и молочные продукты. И на всех этих продуктах изображен ушастый зверек – знак компании. Но при этом сок «J7» и « Чудо-творожок» – два отдельных, самостоятельных брэнда. Ушастого зверя компания считает зонтичным брэндом, а сок или творожок – брэндами, находящимися под этим «зонтом». По мнению некоторых специалистов, этот абстрактный, общий брэнд, несущий в себе информацию о репутации компании, поставляющей на рынок качественную продукцию, можно назвать «торговой маркой». Получается, что торговая марка или брэнд может включать в себя и товарный знак, и наименование компании. Отсюда вытекает главная юридическая проблема.

У России защищается законом только «товарный знак», или «знак обслуживания», если речь идет об услугах, или «место производства», если качество и престижность товара связаны с географическим названием. Фирменное же наименование особой ценностью не признается.

Конфликты, связанные с использованием похожих фирменных наименований, встречаются довольно часто. В 1999 г. в Москве старое, созданное еще в советские времена предприятие ЗАО «Союзтеплострой» подало в суд на более молодое предприятие ООО «Инженерный центр Союзтеплострой», обвиняя его в использовании чужого фирменного наименования. Однако суд не удовлетворил иск, признав возможным использование похожих фирменных наименований, если отличается указанная в нем организационно-правовая форма.

А что делать с фирменным наименованием при продаже предприятия? Товарный знак считается отдельным видом собственности. Можно продать завод, а товарный знак оставить себе. Но фирменное наименование индивидуализирует предприятие как имущественный компонент, т. е. привязано к имуществу предприятия и должно быть вместе с ним передано новому владельцу.

А если имя фирмы – важная часть раскрученного брэнда? Особенно актуален этот вопрос при продаже старых советских предприятий. Ведь очень часто их названия известны и уважаемы. Вспомним «Красный Октябрь» или «Большевик».

В сложившейся правовой ситуации единственный способ защитить себя – это зарегистрировать фирменное наименование как товарный знак.

Быть может, имело бы смысл соединить регистрирующие органы в один, который бы регистрировал все составляющие брэнда? Ведь сегодня товарный знак регистрируется в «Роспатенте», а фирменное наименование – в Регистрационной палате. И данные этих организаций никак не сообщаются.

8. Понятие «брэнд» _____.
A) уже давно используется в российской документации
B) антонимично термину «торговая марка»
C) в словаре русского языка до сих пор не зафиксировано
D) известно и зафиксовано российским законодательством с 1936 г

9. На сегодняшний день в российском законодательстве защищается законом только _____.
A) товарный знак
B) торговая марка
C) фирменное наименование
D) знак качества

10. Составляющие понятия «брэнд» – это _____.
A) репутация компании + товарный знак компании + место производства
B) наименование компании + товарный знак + репутация компании
C) место производства + престижность товара + репутация компании
D) качество товара + престижность товара + место производства

11. Для решения юридически спорных вопросов имеет смысл _____.
A) раскрутить свой товарный знак
B) зарегистрировать фирму в качестве юридического лица
C) восстановить старое название фирмы
D) объединить два регистрирующих органа в один

Текст 4

Ольга положила сына Андрюшу спать и пошла стирать. Вдруг она услышала звонок в дверь.

–Добрый день, улыбнулся в глазок незнакомый мужчина. – Ольга Николаевна? Я к вам от участкового детского врача.

Ольга открыла дверь.

– Меня зовут Иван Обухов, – сказал мужчина. – Вот моя визитная карточка. Можно войти? Очень неудобно разговаривать в подъезде.

– Хорошо, входите, – сказала Ольга. – Вы сказали, что вы от нашего участкового педиатра?

– Не совсем, – сказал мужчина. – Ваш врач только рекомендовал вас нашему фонду. Дело в том, что я работаю в детском благотворительном фонде, мы помогаем одиноким матерям. Вы не хотите поехать с сыном на неделю в санаторий? Отдохнете, хорошее питание, врачи...

— И сколько это будет стоить? - скептически спросила Ольга.

— Платит наш фонд, – улыбнулся Иван. – Только у меня одна просьба: никому не говорите об этом.

— А почему такая секретность? – удивилась Ольга.

— Понимаете, мы не можем помочь всем. Те, кому мы не можем помочь, будут обижаться, писать письма в газеты, оттуда будут приезжать комиссии, проверять нас, мешать нам работать... Мы помогаем, сколько можем. Вы ведь сейчас не работаете? И с деньгами, как я думаю, у вас не очень хорошо... Неделя в санатории будет очень полезна и для вас, и для ребенка.

— Хорошо, – сказала Ольга – и когда я смогу поехать?

— Если хотите, сегодня вечером. Собирайтесь, я заеду за вами в 7.

Ровно в 7 Иван позвонил в дверь. Дверь открыл Андрюша с пакетом игрушек...

— А, готовы! – улыбнулся Иван. – Пойдем! На улице было темно. Около подъезда стоял микроавтобус.

Через два часа микроавтобус с Ольгой, Андрюшей и Иваном подъехал к санаторию. Это был обычный санаторий в Подмосковье – длинное здание, 4 этажа, балконы.

Иван, Ольга и Андрюша вошли в холл. За столом сидела молодая женщина в белом халате.

— Зоя, – сказал Иван. – Вот новые отдыхающие. Это Зоя Васильевна, наша главная медсестра, – объяснил он Ольге. – Она сейчас покажет Вам номер, где вы будете жить. Счастливо отдохнуть!

Иван вышел на улицу, сел в микроавтобус и уехал. Зоя взяла у Ольги паспорт и положила его в сейф.

— Я верну вам паспорт, когда вы будете уезжать. Пойдемте, я покажу вам, где что находится.

Они вышли в коридор.

— Вон там наша столовая. Сегодня вы поужинаете в номере, потому что уже поздно, а завтра придете завтракать туда. Сейчас пойдем по этой лестнице, лифт, к сожалению, не работает. А вот и ваша комната. Входите, отдыхайте, сейчас вам принесут ужин. Да, чуть не забыла – после 9 часов вечера выходить из комнат запрещено, дети должны ложиться спать рано. Это требование врачей.

Ольга проснулась от какого-то странного звука. Она прислушалась и поняла – это работает лифт. «А Зоя сказала, что лифт не работает!» Ольга посмотрела на часы: без десяти двенадцать. Она посмотрела на сына, увидела, что он спит, оделась и тихо подошла к двери.

Дверь была заперта снаружи.

Ольга достала из сумочки пилочку для ногтей и с ее помощью открыла замок.

Она тихо вышла из комнаты, осторожно подошла к лифту и нажала кнопку. Когда лифт приехал, Ольга вошла в него и нажала самую нижнюю кнопку. Лифт поехал в подвал.

Через несколько секунд лифт остановился, двери открылись и Ольга оказалась лицом к лицу с парнем бандитского вида.

— Ты кто такая? – спросил он и тут же упал от сильного удара в пах. Ольга осмотрела его карманы и нашла пистолет. Она еще раз, на всякий случай, ударила его по голове и осмотрелась. Перед ней лежал узкий коридор, в конце которого была железная дверь. Ольга тихо подошла к двери и посмотрела в щель. Она увидела операционный стол, над ним яркую лампу, вокруг стола стояли люди в белых халатах.

Ольга вынула из кармана рацию и тихо сказала в нее:

– Пора, они в подвале.

Потом она открыла дверь и с пистолетом в руках вбежала в комнату.

– Стоять! Если эта женщина умрёт, – она показала глазами на тело, которое лежало на операционном столе, – я обещаю: я убью всех!

Через час всё было кончено. Когда омоновцы уже посадили врачей в машины, к Ольге подошёл полковник Серёгин.

– Спасибо тебе, капитан, – сказал он. – В среду жду тебя с отчётом.

Слухи о том, что пропадают молодые женщины с детьми, ходили уже давно. Но кто исчез и когда, никто не знал, пока в милицию не пришла пожилая женщина. У неё пропала соседка – мать-одиночка. В квартире соседки поселились какие-то незнакомые люди. Их проверили, но ничего криминального не нашли, – они купили эту квартиру легально, все документы были оформлены правильно. Но куда исчезла соседка с ребёнком, – никто сказать не мог. Милиция обнаружила, что в районе было за последнее время 20 аналогичных случаев. И тогда капитан Власова предложила устроить засаду: сыграть роль матери-одиночки, которая живёт со своим сыном одна в квартире.

В ходе следствия, выяснилось, что бандиты через участковых врачей узнавали об одиноких женщинах с детьми и забирали их в «санаторий». Там под гипнозом бандиты заставляли женщин оформлять продажу квартир, а потом самих женщин разбирали на органы. Детей и органы отправляли за границу.

12. Как вы бы назвали текст?
A) Подвиг капитана. B) Мать-одиночка и бандиты.
C) Андрюша с одинокой мамой. D) Отдых в санатории.

13. Кто такой Иван Обухов?
A) Участковый детский врач. B) Отец Андрюшки.
C) Работник благотворительного фонда. D) Один из преступников.

14. Почему в санатории запрещено было выходить из комнат после 9 часов вечера?
A) Потому что дети должны ложиться спать рано.
B) Потому что лифт после 9 часов вечера не работал.
C) Потому что в подвале происходили криминальные действия.
D) Потому что так требуют правила безопасности.

15. Какое из следующих суждений не соответствует содержанию текста?
A) Пожилая женщина сообщила в милицию о пропаже её соседки.
B) При покупке квартир не было нарушено законодательство.
C) Матерей-одиночек забирали в санаторий лишь для продажи их квартир.
D) Матерей-одиночек заставляли оформлять продажу квартиру.

本套阅读练习参考答案：BACBDBCCABDBDC

三、写作范例汇编

1. 生活理想类

В чём я вяжу смысл жизни

План для сочинения:
(1) Ценность жизни
(2) В обществе нет места эгоистам.

В чем смысл жизни? Каждый по-своему отвечает на этот вопрос.

Н. Островский сказал: «Самое дорогое у человека – это жизнь. Она даётся ему один раз, и прожить её надо так, чтобы не было мучительно больно за бесцельно прожитые годы, чтобы не жёг позор за подленькое в мелочное прошлое, и чтобы умирая, смог сказать, вся жизнь и все силы были отданы самому прекрасному в мире – борьбе за освобождение человечества».

М. Горький сказал, что всегда приятнее отдать, чем взять. Вот если бы ты всегда и везде, всю свою жизнь оставлял для людей только хорошее – цветы, мысли, славные воспоминания о себе, – тогда легка и приятна была бы твоя жизнь. Ценность жизни определяется тем, что человек даёт обществу. Именно в этом заключается смысл жизни.

Безусловно, среди нас есть люди, которые гонятся за личной славой и выгодой, они работают только для того, чтобы зарабатывать большие деньги, чтобы получать высокие должности, чтобы использовать служебное положение в личных целях. Можно сказать, что такие люди нам не нужны, в нашем обществе нет места эгоистам.

Короче говоря, твое существование приобретает важное значение только тогда, когда ты чувствуешь себя нужным всем людям, когда ты отдаешь обществу больше, чем получаешь от него, когда ты стремишься к благородной цели и живёшь одним дыханием с народом.

Мечта и реальность

План для сочинения:
(1) У каждого должна быть мечта.
(2) Мечта и Реальность

Мечта, как фонарь маяка, указывает человеку путь к успеху, помогает ему идти вперёд.

У каждого человека должна быть своя мечта. Мечта даёт человеку смелость и силы, воодушевляет его на преодоление трудностей и препятствий на пути. Если у человека не было бы мечты, то у него не было бы стремления к покрасней жизни, он и не мог бы ясно видеть свое будущее. Несмотря на большой талант, человек обязательно потеряет надежду и потерпит поражение в учебе или работе, если он живёт бесцельно и заурядно, если у него в сердце нет мечты. Опыт выдающихся людей доказывает, что мечта у человека – это толчок к работе. Конечно, твоя мечта должна соответствовать благу Родины и народа и способствовать прогрессу общества. Если между мечтой и реальностью существует противоречие, мы должны подчинять личные интересы государственным и коллективным.

Только мечты не достаточно. Существует разница между мечтой и реальностью. Нам надо непрерывно стараться и неустанно бороться, чтобы сократить расстояние между ними.

Будьте обладающими мечтой людьми. Украшайте свою жизнь мечтой. Пусть мечта превращается в прекрасную реальность. Наша жизнь будет становиться лучше и лучше. Впереди нас ждёт более светлое будущее.

Путь к счастью

План для сочинения:
(1) Счастье для каждого имеет разное значение.
(2) Как найти путь к счастью?

Часто слышишь: «Какой ты счастливый!» А некоторым людям, честно говоря, не очень попятно, что такое счастье.

Разве если есть работа, дом, хорошая семья – это значит счастье? Действительно, для одного гражданина, который стремится к счастливой семье и уютной жизни, это уже самое большое счастье. Но для целеустремленных людей не совсем так. Они стремятся к успехам в работе больше, чем к семье. Поэтому счастье для каждого человека имеет разное значение.

Счастье – это цель жизни. Любой человек желает счастья, и за это старается и борется. Но как найти своё счастье, т.е. как найти путь к счастью? Хотя у каждого человека своя точка зрения, но их путь к счастью только один – это упорный труд. Например, обычным женщинам нужно не только ухаживать за своими детьми и мужем, но и ещё заниматься домашним хозяйством. Их цель – приносить большую радость семье. Мужчины, в свою очередь, любят семью, им нужно побольше заработать, чтобы семья жила богатой и счастливой жизнью. Руководителям, желающим получить высшее положение и большой авторитет, нужно лучше работать и постоянно совершенствоваться, развивать себя. Если учёные хотят достичь значительных успехов в науке, то они должны много читать и работать. Всё это объясняется тем, что своя цель осуществляется только путём труда и борьбы.

Счастье – это тоже процесс борьбы. Стоит человеку непрерывно работать над собой, он может понять, что такое настоящее счастье.

Как складывается жизнь молодых людей

Юность – важнейший период человеческой жизни, время завершения образования, выбора и освоения профессии, время любви и создания семьи. Вся жизнь человека в некоторой степени определяется этими годами. Естественно, что на пути встречаются успехи и неудачи, трудности, проблемы.

Давай обсудим, как складывается в самых общих чертах жизни молодых людей.

Если они учатся в школе или институте, то основное время уходит на занятия и на подготовку к ним. Приходится много читать, писать сочинения, делать упражнения, решать задачи, готовить доклады.

По вечерам они слушают музыку или смотрят телевизионные передачи, встречаются с друзьями. На чтение остается мало времени. Удаётся только просмотреть газеты.

Зимой, конечно, лыжи и коньки, а летом – футбол, волейбол, плавание. Мальчишки все, конечно, гоняют мяч или шайбу. С возрастом многие забывают эти увлечения и часто вообще перестают заниматься спортом.

Отношение с родителями складываются по-разному. Но родители есть родители. Они кормят, одевают, помогают советом, деньгами, но конечно, молодые люди отдыхают с родителями, потом с друзьями, потом появляются симпатии. Но нужны деньги, и их надо заработать. Поэтому хорошо, если можно где-нибудь подработать.

Наступает время, когда надо начинать трудовую деятельность. Хочется найти интересную работу, чтобы вокруг были приятные люди, чтобы дело было по душе и чтобы зарплата была нормальная.

Каждый молодой человек мечтает встретить её, девушка – его и создать свою семью, иметь детей. Девочку или мальчика. Иметь отдельную квартиру, лучше двухкомнатную или трёхкомнатную. Машину. Загородный дом.

范句参考

Зачем мы живём? Какой смысл жизни? В нашей жизни мы часто спрашиваем себя.
我们为什么而活？生活的意义是什么？在我们的人生里，我们常常问自己。

Кроме учёбы и работы, нам ещё нужно весёлое настроение.
除学习、工作之外，我们还需要快乐的心情。

Эгоистам грош цена.
自私自利者一文不值。

Смысл жизни – в службе народу, иного смысла в наши дни не может быть.
生活的意义在于为人民服务，在我们今天不可能有别的意义。

Не в счастье смысл жизни, и довольством собой не будет удовлетворён человек: он всё-таки выше этого.
生活的意义并不在于幸福，而且人不会满足于自我，人总是站得比这更高。

三 写作范例汇编

У нас человека ценят прежде всего за то, что он сделал для народа.
我们评价一个人，首先看他为人民做了些什么。

Путь к прекрасной жизни неровен, нужно пройти через непрерывное усилие.
通向美好生活的道路并不平坦，需要经过不断的努力。

С жизнью связаны все мечты людей и их любовь к миру.
人的所有理想及对世界的爱都与生命息息相关。

В науке нет широкой столбовой дороги, и только тот может достигнуть её сияющих вершин, кто, не страшась усталости, карабкается по её каменистым тропам.
科学上没有平坦的大道，知识不畏艰险，勇于攀登的人才有希望达到光辉的顶点。

Не думай, что всего можно добиться без борьбы и без усилий.
别以为不通过斗争和努力一切就都能成功。

Каждое зёрнышко у нас досталось потом и трудом.
我们每一粒粮食都是汗水和劳动换来的。

Нам нужно работать еще более упорно, чтобы добиться дальнейших успехов.
为了取得进一步的成就，我们还需更顽强地工作。

Мы должны признавать трудности, анализировать их, бороться.
我们要承认困难，分析困难，同困难作斗争。

Мы безусловно преодолеем все и всякие трудности и достигнем цели — завоюем победу.
我们一定能够排除困难，达到胜利的目的。

Всё ценное и разумное, всё, чем люди имеют право гордиться, создано знанием и трудом.
一切宝贵和聪明的东西，一切人们值得为之骄傲的东西，都是知识和劳动创造的。

Победа сама не приходит, её нужно завоёвывать.
胜利不会自行到来，胜利要去争取。

Мало победы ждать — надо победы взять.
胜利不能坐待，而要争取。

В трудные минуты нужно уметь видеть светлое, нужно уметь поднимать своё мужество.
在困难的时候，要看到光明，要提高自己的勇气。

Словами делу не поможешь.
空谈无济于事。

Много принесёшь пользы своей стране, если много трудишься.
工作做得多，对国家的贡献就大。

Труд есть необходимое условие жизни человека и труд же даёт благо человеку.
要生活就必须劳动，劳动同时也造福于人。

Если вы спросите ребёнка, что такое счастье, он вероятнее всего ответит, что счастье – это кушать вкусное; если вы спросите школьника, он, может быть, ответит, что счастлив тогда, когда получает 100 баллов на экзамене; а если зададите этот вопрос студенту, то узнаёте, что счастье – найти хорошую работу после окончания университета.

如果您问个小孩子，幸福是什么，他最有可能回答说幸福是吃好的东西；如果您问个中学生，他也许会回答说，考试得100分最幸福；如果向一名大学生提这个问题，那么您会知道，幸福就是大学毕业后找到一份好的工作。

Человек счастлив тогда, когда он знает, какова цель в жизни, к чему стремится, как осуществлять свою мечту.

当一个人知道自己的人生目标是什么、往什么方向努力、如何实现自己的理想时，他就是幸福的。

Счастлив тот, кто интересуется не только личными выгодами, но и заботится о других, интересуется государственными делами.

不仅关心个人利益，还关心他人、关注国家大事——这样的人是幸福的。

Если бы вы спросили меня, в чём наибольшее счастье человека, я бы ответил: счастье – работать на благо народа.

假如您问我，一个人最大的幸福是什么，我会回答说：幸福就是为人民工作。

Счастье мы видим в том, чтобы своим трудом, своим знанием, своей силой, своим умом приносил народу пользу, пусть даже небольшую.

我们把用自己的劳动、知识、力量和智慧为人民带来哪怕一点点利益看作是幸福。

Тот счастлив, кто нужен людям.

人们所需要的人是幸福的。

Счастье – это когда свой хлеб человек добывает любимым делом.

幸福就是从事自己喜爱的事业来谋生。

Благо людей в жизни, а жизнь в работе.

人的幸福就是生活，而生活就是劳作。

Человек живет не для того, чтобы самому только жить хорошо, а для того, чтобы сделать жизнь других счастливой.

人活着不是为了自己活得好，而是为了使别人的生活更幸福。

2. 品德修养类

Человек благородной души

План для сочинения:
(1) Каким будет человек благородной души?
(2) Как стать человеком благородной души?

Каким будет человек благородной души? Я считаю, что тот, кто заботится о других больше, чем о себе, является человеком благородной души.

Такой человек думает не только о личной выгоде, но и о коллективной, Он имеет мечту, которая связывает свою судьбу с судьбой Родины и народа, беспрерывно стремится к правде, при необходимости он может без колебаний отдать всё, даже жизнь. Человек благородной души живёт не для того, чтобы только самому жить хорошо, а для того, чтобы сделать жизнь других счастливой. Такой человек отдаст обществу больше, чем берёт от общества.

Человека благородной души уважает каждый. Но как стать таким человеком? Чтобы стать человеком благородной души, необходимы условия. Но я считаю, что можно начать с незначительных дел. Обратимся к простому примеру. Можно помогать окружающим себя людям, хоть ещё незнакомым. За это не нужно ждать благодарности, так как мы так поступаем с удовольствием, от чистого сердца, это приносит нам удовольствие. Но этого недостаточно. Нам надо еще прилежно учиться и бескорыстно работать для развития и прогресса общества и счастья народа.

Обществу нужен человек благородной души. Давайте постараемся, чтобы стать таким человеком!

Я люблю жизнь

Что вы любите больше всего? На этот вопрос отвечают по-разному. Если вы спросите ребёнка лет 8 – 9, от он ответит, что каникулы. А если зададите этот же вопрос молодого человека, то узнаете, что он, может быть, больше всего любит деньги. А что касается меня, то я всегда могу с уверенностью ответить: «жизнь, и только жизнь». Я люблю тебя, жизнь.

Жизнь хороша, когда над головой синее небо, когда плывут облака, когда светит солнце. Жизнь хороша, когда вокруг вас друзья, близкие, когда вы с ними вместе проводите свободное время за городом, вместе гуляете в лесу, купаетесь в реке, лазите по горам, когда вы ними любуетесь восходом или заходом солнца. Я люблю жизнь, люблю своих друзей и родных.

Мы счастливы, ведь мы живём в эпоху научно-технического прогресса. Для нас, молодых людей, прекрасная жизнь – учиться и приобретать знания. Это значит, что путь к прекрасной жизни труден, но сладок. В жизни не только успехи и победы, но и неудачи и поражения. Я всегда помню, что неудачи – мать победы. Я старательно учусь, чтобы создать более счастливое будущее.

Я люблю жизнь. Я прикладываю все свои знания для того, чтобы создать богатую и прекрасную жизнь. Я отдаю все свои силы для того, чтобы делать нашу жизнь счастливой.

Современная молодёжь

План для сочинения:
(1) Разные интересы молодёжи
(2) Увлечение молодёжи компьютером
(3) Молодёжь должна получить высокий образовательный ценз.
(4) Молодёжь должна обладать высокой моралью.

  Современная молодежь живет в свободном и открытом обществе, в котором бурно развиваются наука и техника, жизнь народа находится на высоком уровне. При таких условиях цена и смысл жизни молодёжи постепенно меняются, поэтому у современной молодёжи разные интересы.
  Все знают, что сейчас среди молодых людей в моде музыка, чтение и путешествие. А современная молодёжь отрешилась от традиционных старых взглядов и любит делать то, что её интересует и готова непрерывно пробовать всё новое. С появлением в обществе прогрессивных средств ЭВМ и информации современная молодёжь увлекается Интернетом, который уже стал неотъемлемой частью современной жизни и работы.
  Исследования показывают, что современная молодёжь уделяет большое внимание образовательному цензу. Да, современная молодёжь живет в обществе серьёзной конкуренции, ей нужно прилежно учиться и вооружать себя знаниями, и получить высокий образовательный ценз, только в таком случае она может стать достойным обществу человеком, и найти своё место в обществе.
  Несмотря на то что современная молодёжь получила возможность свободного выбора профессии, она испытывает на себе давление разных сторон и постоянно рискует потерять работу. Одновременно перед ней стоят разнообразные соблазны, поэтому ей нужно не только иметь широкий круг интересов, но и обладать высокой моралью, чтобы стать нужным обществу человеком.

Деньги

План для сочинения:
(1) За деньги нельзя всё купить.
(2) Нельзя бороться только за деньги.

  Деньги, безусловно, необходимы и важны для каждого человека. Вез денег человеку невозможно жить.
  Но нельзя говорить или даже думать о том. что человек живёт только ради денег. За деньги можно купить лекарство, но нельзя купить здоровье. Можно купить кровать, но нельзя купить сон. Можно купить брак, но нельзя купить любовь. Можно купить «друзей», но нельзя купить дружбу. Можно купить уютную жизнь, но нельзя купить настоящее счастье.
  Нам не надо слишком много думать о деньгах, в противном случае люди заблудятся

в жизни. Жизнь человека очень коротка. Нам надо беречь её, не надо забывать о своих обязанностях, своей мечте. Нам надо заниматься тем, что нужно обществу, что любит народ. Так нам будет веселее, чем тогда, когда у нас много денег. Люди хорошо трудятся, и это вполне естественно, что они хорошо зарабатывают. В процессе борьбы надо создать богатства в интересах народа, а нельзя бороться только за деньги.

В мире многое дороже денег, на пример: здоровье, любовь, дружба… Если у человека только много денег, нет мечты, нет увлечения и друзей, это просто ужас.

Дорогие друзья, давайте правильно относиться к деньгам! Мы не должны стать рабами денег, нам надо стать хозяевами денег, хозяевами себя.

范句参考

Будьте благородным человеком, твёрдым в несчастиях.
做一个高尚的人，在逆境中坚强的人。

красота внутреннего мира
内心世界的美

Внешняя красота человека не всегда соответствует его духовному облику.
一个人的外表美并不总是和他的精神面貌相一致的。

добросовестно относиться к труду, активно участвовать в общественной практике, общественно-полезном и производительном труде
热爱劳动，积极参加社会实践，积极参加公益劳动和生产劳动

обращать должное внимание на воспитание личных моральных качеств
注意个人品德修养

активно участвовать в физкультурно-спортивных занятиях и оздоровительных культурных мероприятиях, улучшать физическое и духовное состояние
积极参加体育锻炼和健康文化活动，增进身心健康

усердно учиться, упорно штудировать изучаемые предметы
勤奋学习，刻苦钻研

По-моему, и мужчины, и женщины прежде всего должны быть добрыми.
我认为，不论男人还是女人，首先应当是善良的人。

В женщинах мужчины больше ценят красоту, мягкость и трудолюбие; а в мужчинах женщины особенно ценят ум, смелость и великодушие.
男人最看重女人的美貌、温柔和勤劳，而女人尤其看重男人的智慧、勇敢、大度。

У каждого есть жизнь, но не все понимают жизнь. Для тех, кто не понимает жизни, она просто наказание.
每一个人都拥有生命，但并非每个人都懂得生命。对于不了解生命的人来说，生命只是一种惩罚。

Чем больше человек любит своё дело, тем лучше он работает и больше приносит народу блага.
一个人越热爱自己的事业，就越能更好地工作，给人民带来更多的福利。

Это большое счастье, что можешь еще один день жить. Надо беречь жизнь. Когда ты плачешь за то, что у тебя нет туфлей, а ты заметил, что у другого даже ноги нет?
活着一天，就是有福气。应当珍惜生命。当你哭泣没有鞋子穿的时候，你是否发现，有的人连脚都没有？

Умей жить и тогда, когда жизнь становится невыносимой. Сделай её полезной.
学会生活吧——即使到了难以生存的地步。让你的人生更有意义吧。

готов всю жизнь работать на своём рядовом посту
准备在自己平凡的岗位上工作一生。

ставить интересы народа превыше всего
把人民的利益放在第一位

не использовать служебного положения в личных целях
不滥用职权

заботиться о других больше, чем о себе
关心别人胜过关心自己

быть принципиальным в важных вопросах
重大问题上坚持原则

чувствовать свою ответственность перед Родиной и народом
对祖国和人民有责任感

считать своим долгом служить народу
把为人民服务看作自己的职责

Совесть не позволяет совершать зло.
良心不允许做坏事。

не пренебрегать маленькими делами
不轻视小事情

В жизни всегда есть место подвигам.
生活中总能有所作为。

Партия выше всего. И каждый должен быть не там, где он хочет, а там, где нужен.
党高于一切。每一个人都不应当只去他想去的地方，而应当去需要他的地方。

Жизнь не те дни, что прошли, а те, что запомнились.
生命不是走过的那些日子，而是让人记住的那些日子。

三 写作范例汇编

отдавать всего себя без остатка делу социализма
把自己不遗余力地奉献给社会主义事业

Буду работать на своём посту, пока сердце не перестанет биться.
我将在自己的岗位上一直工作到心脏停止跳动的时刻。

Не хлебом единым жив человек.
人不是只为吃活着。

посвятить себя делу осуществления социалистических модернизаций с китайской спецификой
为实现具有中国特色的社会主义现代化而献身

Авторитет можно завоевать только делами, а не пустыми словами.
威信的获得只有靠行动，而不是靠空谈。

Искренняя самокритика не только не снижает авторитет, а наоборот, повышает его.
真诚的自我批评不仅不会降低威信，相反会提高威信。

стремиться стать целеустремленными, воспитанными, культурными, дисциплинированными, достойными продолжателями дела социалистических модернизаций
立志成为有理想、有道德、有文化、有纪律的社会主义现代化事业的合格接班人

быть нужным и полезным человеком
做一个需要和有用的人

жить интересами народа
为人民的利益而活

жить одним дыханием с народом
与人民同呼吸共命运

работать не для того, чтобы лишь деньги зарабатывать
工作不仅仅为赚钱

стремиться к благородной цели
追求崇高的目标

В нашем обществе нет места эгоисту.
在我们的社会中没有自私自利者的位置。

Ценность жизни определяется тем, что человек даёт обществу.
生命的价值决定于人对社会贡献什么。

Сейчас студент больше берёт от общества, в будущем будет приносить обществу пользу.
大学生现在向社会索取得多，将来会为社会造福。

3. 读书求知类

Книга в моей жизни

План для сочинения:
(1) Хорошая книга необходима для каждого человека.
(2) Я и книга.

  Книга играет большую роль в жизни человека. Ее внешность становится красивее и лучше, её содержание становится тоже богаче с течением времени.
  Книга – бесценное сокровище человеческого разума, из неё мы получаем нужные знания, познаём мир, овладеваем наукой и техникой. Книга является настоящим учителем для тех, кто любит читать, так как каждый знает, что на свете нет ничего важнее, чем книга. Умная и хорошая книга не только даст нам нужную информацию, но и делает человека умнее. Книга – наш друг, она делится с нами богатым опытом, разделяет с нами радость и горе, поет о прекрасном будущем. Книга тесно связана с жизнью. Теперь в праздники люди дарят книги друг другу в подарок. Без книги мы не представили бы себе свою жизнь.
  С детства до тех пор, как я поступил в институт, я читал много книг, главным образом учебные пособия и книги по специальности, чтобы готовиться к экзаменам. Думаю, что по окончании института я буду меньше читать. Но на самом деле в работе появляется много незнакомого, что заставляет меня больше читать нужных книг, и не только по специальности.
  В новую эпоху знания стремительно расширяются. Все мы хотим постоянно повышать свою квалификацию, поэтому книга становится нашим хорошим помощником.
  Любите книгу! Ведь дом без книги – день без солнца!

Книга и человек

  Всем нам известно, что книга по праву считается одним из великих изобретений человечества. Книга играет большую роль в нашей жизни. Она наш хороший учитель и большой друг, учит нас различать добро и зло. Люди приобретают знания прежде всего из книг, именно из книг мы узнаём, как живут народы разных стран, как борются они за свободу, узнаёте о великих открытиях науки и техники, о звёздах и планетах, о растениях и животных.
  Книга является настоящим учителем для тех, кто любит читать, так как каждый знает, что на свете нет ничего важнее. Чем книга. Умная и хорошая книга не только даёт нам нужные знания, но и делает нас умнее. Книга учит нас быть полезным человеком, учит нас жить и бороться. Недаром так говорят: «Книга – источник знаний».
  Книга – наш друг, наш умный и верный помощник. Что бы вы ни делали, чем бы вы ни занимались, вам всегда понадобится книга. Она делится с нами богатым опытом,

разделяет с нами радость и горе. Книга тесно связана с нашей жизнью. Без хороших, умных книг человеку будет скучно жить.

Человек никогда не отрывается от книг. Пусть книга сопровождает нас всегда.

范句参考

Книги могут рассказать вам замечательную, интересную повесть.
书籍会向您讲述美妙、有趣的故事。

Со страниц книг прозвучат чудесные стихи, которые вы запомните надолго, а может быть, и на всю жизнь.
书中回响着美妙的诗句，这些诗句您会记很久，也许会铭记整整一生。

Что бы вы ни делали, чем бы вы ни занимались, вам всегда понадобится умный и верный помощник – книга.
不论您做什么，干什么工作，您永远需要聪明忠实的助手——书。

С книгой вы облетите нашу необъятную страну и весь земной шар, побываете на далёких планетах, совершите путешествие из настоящего в прошлое и будущее, научитесь понимать и любить людей.
一书在手，您可以飞遍我们无边无际的国土和整个地球，到达遥远的星球，可以进行跨越时空的旅行，还将会学会理解别人、爱别人。

Книга учит быть полезным человеком.
书教人成为有益的人。

Книга показывает внутренний мир героев, их душевную красоту.
书籍展示人物的内心世界和他们的内在美。

Есть книги, которые прочтёшь и никогда не забудешь.
有些书读完之后永远不会忘记。

Хорошая книга всегда воодушевляет людей, побуждает их идти вперёд.
好的书籍总能鼓舞人，催人奋进。

В трудный час светлый образ героя придаёт мне силы.
在困难时刻主人公鲜明的形象赋予我力量。

Хорошие книги с первых страниц крепко захватывают сердце и ум читателя.
好的书籍一开始便牢牢地吸引住读者。

Хорошая книга учит людей жить и бороться.
好的书籍教人生活和奋斗。

С книгой поведёшься – ума наберёшься.
开卷有益。

Хорошая книга может сыграть незаменимую роль в формировании высоко моральных взглядов молодёжи.
一本好书在培养青年高尚的道德观方面能够起到看不见的作用。

4. 科技创新类

Город будущего

План для сочинения:
(1) Городское планирование
(2) Дороги и транспорт
(3) Значение зелёной зоны

Современные проблемы мегаполисов волнуют не только учёных, архитекторов и строителей, но и простых людей, жителей больших городов.

По-моему, в будущем городское планирование в первую очередь должно учитывать интересы горожан. Планировка города должна быть удобна для всех его жителей: как взрослых, так и детей. Комплексное планирование позволит отделить районы административных и промышленных застроек от торговых, культурно-оздоровительных зон и жилых массивов. Главное внимание, вероятно, будет уделено экологическим задачам, так как без их решения невозможно говорить о здоровье общества.

В будущих городах будет огромное количество автомобилей. Особую роль будет играть дорожное строительство, планирование транспортных артерий с целью обеспечения максимально щадящих условий жизни и деятельности горожан. Станет больше экранов для защиты от шума городских магистралей, получит своё развитие городской воздушный и водный транспорт. Будет использоваться экологически чистое топливо.

И наконец, наряду с фронтальным озеленением городских улиц и площадей, город будут окружая, лесопарковые и дачные кварталы. Так как теперь человечество обращает всё большее внимание на охрану окружающей среды. Если стремиться только к экономической эффективности при развитии промышленности, при этом не обращая внимания на охрану окружающей среды, то в конце концов всё обязательно обернётся плачевными результатами.

Город будущего должен служить людям будущего.

Интернет изменяет нашу жизнь

Появление компьютера и Интернета внесло новые изменения в жизнь человечества.

Интернет – это всемирная сверхбольшая универсальная компьютерная сеть, это целая компьютерная сеть, это целый компьютерный мир, разумеется, со своими законами. Любой компьютер и любая локальная сеть могут войти в Интернет, могут бесплатно передавать в сеть и получать из неё информацию, оплачивая лишь «транспортные расходы».

Интернет открывает пользователю много возможностей. Каждый пользователь компьютера, включившись в Интернет, получает свой личный адрес. Он может принимать по Интернету электронную почту, а также отправлять письма другим абонентам сети. Общеизвестно, что через персональный компьютер можно по сети Интернет передавать и получить и тексты, картинки, фотографии.

За билетом на самолёт не нужно ехать в кассу – достаточно сделать заявку через домашний компьютер по сети Интернат, а затем смело приезжайте в аэропорт – компьютер выдаст вам билет почти у входа в самолёт.

Вам можно заказать в библиотеку и получить на экране своего дисплея нужную статью, вести расчёты и банком.

Благодаря созданию Интернета не нужно лететь через океан, чтобы заключить договор, согласовать документ, совместно поработать над проектом, чертежом, моделью – всё это можно будет сделать через экран дисплея.

Вы можете путешествовать по всему миру, не выходя из дома. Если вы пользователь Интернета, вы можете узнать сегодняшние цены в парижских ресторанах и какие картины выставлены в галерее Тейт в Лондоне.

Словом, Интернет изменяет и продолжает изменять нашу жизнь. Изменения, которые несёт компьютер и Интернет, не менее глубоки и революционны.

Информационная эпоха

План для сочинения:
(1) Роль ЭВМ в наше время
(2) Роль Интернета в наше время

Появление ЭВМ и Интернета внесло новые изменения в жизнь человечества, люди вошли в информационную эпоху – новую эпоху в истории человечества.

В информационную эпоху ЭВМ играют важную роль. Функции ЭВМ обширны, сейчас без них трудно представить себе нашу жизнь. Нет никакой более эффективной машины, чем ЭВМ, они внесли неоценимый вклад в развитие науки и жизни.

Интернет уже вошёл в нашу жизнь. Общеизвестно, что через свой персональный компьютер можно по сети Интернета передавать и получать письма, тексты, картинки, фотографии и так далее. Интернет играет важную роль в передаче информации. Такая система работает надежно, без подвохов, основана она не столько на торговле, сколько на возможностях современной техники. Теперь многие пользуются только материалами Интернета. Он помогает нам решить многие вопросы и задачи.

Теперь по мере роста популярности компьютерной техники и постоянного снижения платы за вход в Интернет происходят и изменения в традиционном образе жизни китайцев. Информационная индустрия, как одна из быстро развивающихся основных отраслей народного хозяйства Китая, оказывает влияние и на все сферы общественной жизни в стране.

Но что мы. как будущие специалисты, будем делать в информационную эпоху?

Конечно, мы должны прилежно учится, овладеть современной электронной техникой, теорией, иностранными языками и т. д., чтобы справиться с будущей работой.

Нам надо стать хозяевами в информационную эпоху!

Место науки и просвещения в народном хозяйстве

Наука и просвещение занимают важное место в народном хозяйстве. Без передовой науки и просвещении не может быть и речи о развитии народного хозяйства, о процветании нашей страны.

Производительной силой первостепенной важности являются наука и техника, и экономическое строительство полагается вести на базе научно-технического прогресса, повышения деловых качеств работников. Поэтому всё больше выявляется огромная роль науки, техники и просвещения как производительной силы. От уровня развития науки и просвещения как производительной силы. От уровня развития науки и просвещения зависит процветание нашей страны. Быстрое развитие экономики должно идти за счёт науки, техники и просвещения. В Китае уже разработаны средне- и долгосрочные программы развития науки и техники на ближайшие 15 лет. Это важное мероприятие в развитии нашего народного хозяйства.

Наука и техника способствуют развитию и улучшению условий жизни. Наука и техника развиваются, опираясь на просвещение. Нам необходимо ухватиться за развитие просвещения как основу. Нужно обеспечить процветание Родины за счёт достижений науки и распространения просвещения.

Важную роль наука и просвещение играются в народном хозяйстве. За развитие науки, техники и дела образования обязаны взяться все отрасли. И мы, как молодёжь, должны стараться учиться, чтобы жизнь становилась всё красивее и красивее.

范句参考

21-й век – это время, когда общество развивается знаниями и техникой.
21世纪是社会发展依靠知识和技术的时代。

Сегодня очень трудно представить себе, без науки и техники какой стала бы наша жизнь.
今天我们很难想像，没有科学技术我们的生活会是什么样的。

Наука и техника существует повсюду.
科技无处不在。

Теперь мы не только получаем информацию в книге и газете, но и с помощью компьютера и Интернета.
现在我们已不仅仅从书和报纸中获得信息，还可以利用电脑和网络。

Робот вошел в нашу жизнь, он как настоящий человек, у неё женское лицо, и красивый голос, помогает тебе работать.

机器人进入我们的生活，它像真人一样：有着一张女性的面孔，声音轻柔，协助你工作。

Когда ты закончил работу, позвонил домой, домашняя хозяйка-компьютер уже подготовил всё, что тебе нужно! Горячую воду, кофе, ужин.

当你工作结束的时候，一个电话打回家，电脑家庭主妇已经为你准备好一切！热水、咖啡、晚饭。

5. 环境保护类

Защита атмосферы от загрязнения

План для сочинения:
(1) Понятие слова «атмосфера».
(2) Проблема загрязнения атмосферы Земли.
(3) Способы решение этой проблемы

Знаете ли вы, что такое атмосфера Земли? Наверное, не все точно понимают слово «атмосфера».

Атмосфера – это воздух, среда вокруг Земли. Состав воздуха (по объёму) у поверхности Земли – 78,1% азота, 21% кислорода, и других газов. Давление и плотность воздуха с высотой понижаются.

Загрязнение атмосферы в разных частях Земли не одинаково, но оно тесно связано с развитием промышленности. Теперь защита атмосферы Земли от загрязнения почти становится общей глобальной задачей. Загрязнение атмосферы значит, чем вредные газы, которые выделяются в промышленном производстве, попадают в воздух, в результате того изменяется состав атмосферы. Из-за этого человек дышит очень грязным воздухом, что угрожает здоровью человека, потому что такой воздух особенно вреден для лёгких. Загрязнение атмосферы Земли не только сказывается на здоровье человека, но и на жизни животных и растений. Теперь в городах загрязнение атмосферы серьезнее, чем в деревнях. А в промышленных странах загрязнение атмосферы серьёзнее, чем в аграрных странах. Кроме промышленного производства, ещё существуют другие пути, которые загрязняют атмосферу. Например, машины, которые выпускают вредные газы.

Во всём мире проблема загрязнения атмосферы с каждым годом становится всё серьёзнее и серьёзнее. Человеку, животным и растениям, нужен свежий воздух. Сейчас правительства многих стран принимают серьёзные меры для защиты атмосферы Земли от загрязнения. Мы надеемся, что человек в будущем сможет в любом месте дышать таким же свежим воздухом, как в лесу.

Зелёный мир

План для сочинения:
(1) Прекрасный зелёный мир.
(2) Природные ресурсы исчерпывают себя.
(3) Влияние деятельности человека на экологию.

Мы живём на прекрасной земле. Здесь голубые озёра, стремительные горные ручьи, просторные и плодородные поля, сплошные леса. В озёрах и роках плавают рыбы, в лесу летают и поют птицы. Когда весной и летом в горах и в лесу цветут цветы, везде пахнет тонким ароматом. Это удивительная красота и прекрасный зелёный мир.

Природа даёт человеку одежду и жилище, помогает человеку жить. Она источник всего, чем живёт человек. Ещё двести лет назад людям казалось, что ресурсы Земли неисчерпаемы. Достояния земли: уголь, нефть, лес, пресна я вода – всё это всегда будет служить человечеству. Но по мере того как возрастают темпы промышленного производства, увеличивается численность населения Земли, природные ресурсы постепенно исчерпывают себя.

Сейчас увеличивается выпуск автомобилей и на заводах зажигается большое количество топлива. Поэтому воздух наполнен вредными газами. Из-за того, что вредные отходы сбрасываются в реку, многим рыбам и живым существам грозит смерть. Это нарушает экологическое равновесие. Сейчас многие поля превращаются в пустыни, поэтому лесов становится меньше и меньше.

Это значит, что людям надо активно защищать экологическое равновесие, надо уделять внимание проблеме охраны природы, надо больше сажать деревьев. Давайте постараемся превратить свой загрязнённый отходами мир в зелёный рай.

Наша природа

План для сочинения:
(1) Важная роль нашей природы.
(2) Ресурсы природы начинают истощаться.
(3) Влияние деятельности человека на природу
(4) Важная задача всего человечества

Прекрасна земля, на которой мы живем! Голубые озёра, стремительные горные ручьи, просторы полей, тенистые леса – красота природы облагораживает человека, делает его сильным, помогает ему жить. Природа – источник всего, чем живёт человек. Она кормит и поит его, даёт ему одежд, и жильё. Природа – источник вдохновения для писателя, поэта и художника.

Но чем больше народу на земле, тем трудней становится получать от природы новые богатства, не уничтожая её. Ещё много лет назад людям казалось, что ресурсы земли неисчерпаемы. Гигантские залежи каменного угля, нефти, огромные лесные массивы, бесконечные запасы пресной коды, казалось, всегда будут служить человечеству. Но с развитием науки и техники увеличивается численность населения Земли, ресурсы природы начинают истощаться.

наше время некоторые называют критической точкой существования человечества. Воздух, земля, извечно являющиеся источниками жизни на Земле, становятся источниками болезней.

На земле осталось немного мест, где ещё не был человек. Эти нетронутые уголки стали государственными заповедниками. Здесь человек может наблюдать, изучать жизнь природы в её естественном состоянии, что важно для науки.

Перед человечеством стоит важная задача – охрана природы и окружающей среды. Эти проблемы становятся изо года в год более сложными, разносторонними, принимают глобальный характер. Для решения этих проблем сейчас необходимы объединённые усилия учёных и государственных деятелей как отдельных стран, так и международного сообщества в целом.

Человек и природа

План для сочинения:
(1) Человеку нужна природа.
(2) 3загрязнение окружающей среды усиливается.

Человек – сын природы. Но как природа относится к сыну и как сын – к природе? С одной стороны, человек получает от природы все необходимое для жизни – энергию, продукты питания, различные материалы. Она – источник удовлетворения потребностей человека.

С другой стороны, человек больше любил брать и совсем не умел отдавать. И что же получилось? Сейчас природа, да и сама жизнь просят спасти её от человека, просят помочь ей. Особенно это стало заметно в последние годы, когда с бурным развитием промышленности и городского транспорта стало усиливаться загрязнение окружающей среды. Ежедневно автомобилями выбрасывается в атмосферу огромное количество газов, содержащих вредные вещества, которые опасны для здоровья человека, для растений и животных. В настоящее время воздух, вода, почва становятся всё более загрязнёнными из-за промышленных отходов и отработанной воды. Бот почему проблема охраны окружающей чреды стала одной из актуальных проблем нашего времени.

Природа может прожить без человека, а человек существовать без природы не может. Очень трудно представить себе, чем стала бы наш Земля без лесов и цветов, без чистой воды, без песен птиц.

Защита окружающей среды – это защита природных богатств ради нынешнего и будущего поколений, это долг и обязанность каждого гражданина.

Развитие экономики и экология

Экономический рост и развитие промышленности, к сожалению, очень часто приводят к ухудшению экологической ситуации. И чем быстрее темпы развития, тем сильнее отрицательное воздействие на природу.

Но значит ли это, что следует отказаться от развития промышленности и не стремиться к повышению темпов роста экономики? Конечно же, нет, прогресс необходим, спорить с этим не имеет смысла. Я уверен, то развивать экономику можно без ущерба для экологии, но для этого государству, промышленности и обществу нужно предпринять целый ряд мер. Во-первых, бережное отношение к природе должно стать неотъемлемой частью государственной идеологии и важнейшей ценностью в обществе. Во-вторых, необходим строгий контроль в сфере экологии, государство и общество должны внимательно следить за соблюдением правил бережного отношения к природе, а нарушители должны строго наказываться. Нужно создать такие условия, чтобы в промышленности было выгодно использовать самые современные экологически чистые технологии, а старые, может быть, дешёвые, но «грязные» способы производства должны стать нерентабельными. Очень важную роль в этом должна играть наука, нужно поддерживать разработку и внедрение новых технологий, вкладывать средства в развитие экологически чистых производств.

Конечно, для того чтобы достичь успеха на этом пути, нужны совместные усилия государства, промышленности и общества. Каждый человек должен чувствовать свою ответственность и внести свой

вклад в общее дело улучшения экологической ситуации.

6. 社会生活类

Женщины в современной обществе

План для сочинения:
(1) Роль женщин в обществе.
(2) Отношение женщин к жизни. женщин в жизни

Женщины во всем мире становятся активнее. В печати постоянно ведутся дискуссии о месте женщин в семье и на производстве.

В настоящее время в нашей стране около 80% женщин работают и учатся. Они играют важную роль в общественной жизни. Вы и сами заметите, что в министерствах и других учреждениях женщины занимают не только невысокие посты машинисток и секретарей. Они руководят отделами, в которых нередко работают одни мужчины. Это выглядит в наших глазах совершенно нормально. Женщины-инженеры, конструкторы, учёные, начальники строительства – это тоже обычное явление в нашей жизни.

Но если вы спросите у женщин, довольны ли они таким положением или нет? И вы с удивлением услышите неопределённый ответ: «Довольна ли я? Не знаю... Как сказать...»

В чём дело? Может быть, наши женщины устали от активного социального важного труда и хотят вернуться к тихому служению детям и мужу, к такому старинному образу жизни, который когда-то назвался у нас «домостроем». Нет, ни в коем случае, женские положение и право – это огромная победа нашего образа жизни, и их отрицать никто не хочет.

Ученые давно уже подсчитали, что на приготовление обедов женщина тратит двенадцать часов в неделю, на покупку – шесть часов... А это только начало длинного списка домашних работ и забот.

А мужчины в то время только смотрели телевизор, читали газеты...

Поэтому лучше не спрашивать у женщин: «Есть ли у вас равноправие». Ведь настоящее равноправие ещё не достигнуто, что не только в Китае. Это общий вопрос для всего мира.

Как решить демографическую проблему?

План для сочинения:
(1) Демографическая ситуация Китая.
(2) Как решить демографическую проблему?

Демографический взрыв – одна из актуальных проблем в настоящее время. Численность населения нашей страны достигла 1,4 миллиарда человек. По прогнозам специалистов, если сохранится нынешний темп прироста населения, к середине следующего века численность населения Китая достигнет 1,7 – 1,9 миллиарда.

Если в демографической политике будут допущены промахи, то, по мнению известных специалистов в области демографии, рубеж в 2 миллиарда будет возможно превзойден. Это равносильно национальному бедствию. Потому что такая демографическая ситуация усиливает проблему обеспечения людей продовольствием, одеждой, жильем, медицинской помощью и работой. Как говорят учёные, Китай, опираясь на собственные природные ресурсы и экономический потенциал, способен прокормить максимум 1,5 миллиарда человек.

Чтобы решить эту проблему, начиная с 70-х годов, Китай стал осуществлять программу планирования семьи в национальном масштабе. Теперь, плановое деторождение уже стало основой государственной политики. Всем известен лозунг «Каждая супружеская пара должна иметь только одного ребенка». Эта демографическая политика встретила понимание со стороны городских жителей. Но в деревнях, особенно там, где уровень образования людей ниже, рождаемость по-прежнему высокая.

Плановое деторождение, ограничение роста народонаселения, повышение образовательного уровня – всё это вопросы, которые связаны с существованием китайской нации. Каждый китайский гражданин обязан считать ограничение роста населения своим долгом...

Реформа школьного образования

План для сочинения:
(1) Проблемы школьного образования.
(2) Перспективы школьной реформы.

  Население Китая составляет 1,4 миллиарда человек, из которых 300 миллионов – это дети до 14 лет. Безусловно, каждую китайскую семью интересует реформа образования как одна из главных проблем общества.
  В течение нескольких последних лет в Китае в заинтересованных кругах ведётся широкое обсуждение вопросов совершенствования системы образования, цель которого вполне очевидна и состоит в том, чтобы образование соответствовало поступательному развитию общества. Кроме того, повсеместно отмечается, как сильно загружены дети, что, несомненно, сокращает время их отдыха и возможности полноценного детского развития.
  Представляется целесообразным, сокращение времени занятий, уменьшение числа экзаменов и углубление предметов, связанных с наукой и техникой. При этом следует уделить особое внимание здоровью школьников, трудовому, идейному, нравственному и эстетическому воспитанию. Вместе с тем необходимо повышать мотивацию обучения – фактор, обусловливающий интерес школьников к овладению учебной программой, охватывающей все стороны развития общества и способствующей, в свою очередь, всестороннему развитию подрастающего поколения для будущего Китая.
  Сегодняшние школьники – это будущие строители государства, которые через 20 лет придут к руководству государственным, хозяйственным и культурным строительством в стране. Школьное образование должно обеспечить подготовку будущих интеллигента, специалиста-профессионала в своей области, исследователя, практического деятеля и организатора.
  Надеемся, что в будущем школа будет самым любимым местом для детей.

范句参考

  Много домашних и деловых забот возлагает хрупкие плечи наших женщин.
今天许多家庭和事业上的重担压在我们女性脆弱的肩头。

  Женщины рожают детей и на равных правах с мужчинами пашут землю, убирают хлеб, поднимаются в космос, управляют государством.
妇女们生儿育女、还和男人同样耕地、收割粮食、飞向太空、管理国家。

В России женщины составляют более 50 процентов всех людей, которые трудятся в народном хозяйстве страны.
在俄罗斯为国民经济而工作的人中，妇女占一半多。

Работа даёт женщине общественное и семейное уважение.
工作使妇女在社会和家庭中受到尊重。

демографический взрыв
人口爆炸

демографический набат
人口警报

пик рождаемости
生育高峰

оздоровление демографической ситуации
改善人口状况

встать на рельсы планового роста
迈入计划增长的轨道

Наука о народонаселении стала служить экономике.
人口科学开始为经济服务。

В Китае проживает почти пятая часть населения всего мира.
在中国居住着世界上五分之一的人口。

После 1949 г. население начало быстро увеличиваться по мере повышения жизненного уровня и улучшения медицинского обслуживания.
1949年之后随着生活水平的提高和医疗服务的改善，人口开始快速增长。

средний естественный прирост населения
人口平均自然增长率

Материалы некоторых социологических исследований свидетельствуют: чем ниже образовательный уровень людей, тем выше рождаемость.
一些社会研究材料证明：人们所受教育程度越低，生育率越高。

Чрезмерно быстрый рост населения – не единственная проблема, стоящая перед Китаем в демографической области. Ещё одна проблема – весьма низкий образовательный уровень китайского населения.
人口增长过快还不是中国在人口问题方面所面临的唯一问题，还有一个问题就是中国居民的受教育程度水平十分低下。

Все эти вопросы стали серьёзнейшим вызовом социальному и экономическому развитию Китая.
这些问题是对中国社会和经济发展的严峻挑战。

7. 励志类

Быть специалистом нового века

План для сочинения:
(1) Специалист должен хорошо знать науку.
(2) Специалист должен обладать общей культурой.

Мы живём в эпоху бурного развития науки и техники, поэтому разные специалисты играют всё большую роль в развитии экономики страны и жизни общества в целом.

А каким должен быть специалист нового века? По-моему, он должен обладать как глубокими профессиональными, так и новыми передовыми знаниями науки, которой он занимается, хорошо знать последние достижения в всей области. А для этого ему нужно постоянно учиться, самостоятельно работать, читать специальную литературу и заниматься научной работой. Словом, он должен посвятить себя развитию науки и техники.

Но как специалист нового века, он ещё должен обладать общей культурой, иметь хорошие моральные качества, принимать активное участие в общественных делах, интересоваться не только знаниями в своей области, но и искусством, литературой. Одним словом, надо стремиться к постоянному совершенствованию во всём, чтобы быть всесторонне образованным человеком.

21 век наступил. Как хозяева новой эпохи, мы должны прилежно учиться, быть эрудированными людьми и хорошими специалистами своего дела.

Важность уверенности

План для сочинения:
(1) Что такое уверенность?
(2) Чем важна уверенность для человека?
(3) Разница между уверенностью и самомнением

Что такое уверенность? Уверенность – это настроение, сознание своей силы, своих возможностей осуществить какое-то желание или выполнить какую-то работу.

Уверенность для человека очень важна и в работе, и в жизни, и в любви. Она самый главный толчок к удаче. Когда вы начинаете конкуренцию с другими, и ваша уверенность будет оставлять у людей хорошее впечатление, и они заметят, какой вы замечательный. Когда вам удаётся заключить коммерческий контракт, эта уверенность помогает вам сделать всё. Когда вы занимаетесь какой-то работой, ваша уверенность — это хорошее начало и источник силы, она способствует развитию вашей работы.

Кроме того, если вы встречаетесь с трудностями и несчастьем в жизни, то благодаря уверенности вы будете настойчивым, решительным и мужественным. Между тем уверенность — это очарование личности, любимая вами будет любоваться, потому что любовь требует смелости и ума.

В общем, какой бы работой вы ни занимались в жизни, вы должны быть самоуверенным. Но не забывайте, что уверенность отличается от самомнения. Самомнение — ваш враг, а уверенность, наоборот, — ваш друг и помощник навсегда.

И труден и сладок путь к знаниям

Нам известно, что в науке нет широкой столбовой дороги, и только тот может достигнуть её сияющих вершин, кто, не страшась усталости, карабкается по её каменистым тропам. Говорят, что корень ученья горек, а плоды его сладки. Мы осознали, насколько труден, но в то же время и сладок, путь к знаниям.

Каждый из нас стремится к успехам, к знаниям, но как их добиться?

Я считаю, что на свете нет настоящего таланта. Никто не сумел достичь вершины своего дела без долгого, усердного труда. Известный авиационный конструктор Сергей Владимирович Илюшин пришёл к славе и выдающимся достижениям благодаря упорному труду и в результате создал первоклассные самолёты Ил-18 и Ил-64.

В пути к знаниям пропитаны трудностями, но победа и удача всегда улыбаются тем, кто ищет. Нам трудно представить себе трудности в процессе обучения. В конце концов стремление к знаниям приносит нам неиспытанную радость.

Успехи всегда сопровождаются с неудачами. Как говорится, неудача – это мать успеха, каждая неудача делает нам умнее. Поэтому нам не надо бояться трудностей в пути к знаниям, мы всегда готовы встречать трудности. Когда мы добьёмся больших успехов, мы чувствуем себя счастливо. Одновременно мы чувствуем удовольствие и сладость.

Чтобы не отстать от своего времени, мы должны постоянно пополнять свои знания, хотя путь к знаниям и труден и сладок.

Кто ищет, тот найдёт

План для сочинения:
(1) Формула успеха.
(2) Достигнет большого успеха тот, кто больше трудится.
(3) Успехи сопровождаются с неудачами.

Каждый из нас стремится к успехам, по как их добиться? Помню, что великий учёный Эйнштейн сказал, что удача = 1% таланта + 99% труда. Он точно вывел формулу успеха, которая совпадает с фразеологизмом «Кто ищет, тот найдёт».

Я считаю, что на свете нет настоящего таланта, никто не сумел достичь вершины своего дела без долгого, усердного труда. Ведь у каждого определённые возможности, а тот, кто больше трудится, достигнет большого успеха. Среди известных учёных и выдающихся лидеров не все от природы талантливее и умнее других, однако всех их объединяет общее качество: они всю жизнь и все свои силы посвятили любимому делу. Они настолько преданы своему делу, что большинство простых людей не могут представить это. В частности, творчество выдающегося математика Чэнь Цзиижуня может служить таким примером.

Мне кажется, что успехи всегда сопровождаются с неудачами, при этом не нужно падать духом. Как говорится, неудача — это мать успеха, каждая неудача делает нас умнее. М. С. Кюри — выдающийся польский физик и радиохимик, в своей жизни она открыла много химических элементов. Когда ее муж умер из-за неудачного эксперимента, она не потеряла веру и продолжала искать, наконец изобрела новый химический элемент радий, который стал известен всему миру.

Одним словом, успех — прежде всего величайший труд. Это бесспорный факт. Я убеждена, что кто ищет, тот найдёт, и желательно, чтобы все могли добиться больших успехов.

Создать свой мир в условиях рыночной экономики

Сегодня Китай уже вошёл на путь социалистической рыночной экономики. Конкуренция – неотъемлемая часть рыночного экономики. Она порождает мощные мотивационные стимулы. Рынок, как регулятор, наиболее конструктивно и автоматически действует в сравнительно однородном обществе в режиме непрерывной корректировки.

Тот, кто повторяет сделанное другим, следует за другим, победителем не станет. Чтобы занять устойчивое место на рынке, необходимо неустанно исследовать, анализировать и осваивать новый рынок. Для этого нужно искать новые факты, вести всесторонние наблюдения. Запомните, новое – всегда непобедимо. Но первый блин комом. Самое главное – не останавливаться на полпути, смело идти навстречу вызову. Нужно всячески создавать свой мир, становиться знатоком рыночной конкуренции. В условиях рыночной экономики нельзя бояться трудностей, ведь путь к прекрасной жизни неровен, нужно пройти через непрерывное усилие.

Мы, студенты нового тысячелетия, должны читать не только учебники, но и книги, не входящие в программу, изучать свою специальность подробно, не жалея времени. Мы должны искать новые факты в современной науке и технике. Чтобы стать отличным менеджером в будущем, надо сейчас быть хорошо подготовленным. Самое большое наслаждение и удовлетворение приносят человеку труд и творчество. Создавать свой мир в условиях рыночной экономики – дело необходимое и возможное.

范句参考

Как мы счастливы, что в самом расцвете жизни встретили 21 век!
我们在人生鼎盛时期迎来了21世纪，我们是多么幸福啊！

Как мы счастливы, что будем жить в новом тысячелетии!
生活在新千年，我们是多么幸福啊！

Нашей Родине нужны всесторонне образованные люди, нужны самоотверженные, усердные работники.
我们的祖国需要全面发展有知识的人才，需要忘我的、勤劳的工作者。

Специалист будущего – это специалист, который обладает высоким творческим потенциалом, чувством нового и организаторскими способностями.
未来的专家，是具有很强的创造潜力、对新事物有感觉、有组织能力的专家。

Специалист будущего – это прежде всего специалист, который глубоко овладеет достижениями науки, прочно усвоит теоретическую базу своей профессии.
未来的专家，首先是深入了解科学成就、牢牢掌握本行业理论基础的专家。

Все зги вопросы стали серьёзнейшим вызовом социальному и экономическому развитию Китая.
这些问题是对中国社会和经济发展的严峻挑战。

8.体育类

В здоровом теле – здоровый дух

   Движение – это жизнь. Здоровье всему голова, его за золото не купишь. Недаром русские говорят: «В здоровом теле – здоровый дух».
   Да, всё это совсем верно. Спорт помогает человеку быть здоровым и сильным. Теперь спортом занимаются и на спорт внимание обращают почти все, от мала до велика, и везде, в городе и в деревне. О спорте, и о здоровье говорят больше, чем раньше. Если утром вы выйдете на улицу, посмотрите, как занимаются своим любимым спортом младшие и старшие. Часто бывают так: всей семьёй очень любят спорт и всегда находят время на спорт.
   Спорт – это дело и молодых, и старых. Заниматься спортом очень полезно. На земле никому не нравится спорт и нет лекарства лучше спорта. Многие занимаются спортом круглый год, и когда дождь, и когда солнце. Летом они ходят в поход, плавают, а зимой ходят на лыжах, катаются на коньках. В походы берут и детей.

Поэтому, я советую вам часто заниматься спортом, закалять здоровье. И запомните девиз Олимпийских игр: выше, быстрее, сильнее.

Между прочем, недавно Китай успешно организовал Олимпиаду-2008 в Пекине. Китайские спортсмены завоевали много золотых медалей на Олимпийских играх в нашей столице. Это гордость всех китайцев.

Об Олимпийских играх

План для сочинения:
(1) История Олимпийских игр.
(2) Флаг и девиз Олимпийских игр.
(3) Важное место Олимпийских игр в жизни.
(4) Олимпийские игры 2008 года.

В 1896 гиду состоялись Олимпийские игры, которые организовал француз Губэтан. С тех пор Олимпийские игры устраиваются через каждые 4 года. Кроме того, из-за войны трое Олимпийских игр не проводились. За прошедший период были удачно организованы двадцать семь Олимпийских игр.

Каждый раз игры проводились больше полумесяца. Флаг Олимпийских игр символизирует объединение народов пяти континентов. Огонь олимпийских игр вечный. Быстрее, выше, сильнее – девиз Олимпийских игр.

Олимпийские игры привлекают к себе спортсменов из многих стран. Олимпийский чемпион – это мечта каждого спортсмена. Во время Олимпийских игр не обращается внимание на политику и цвет кожи, они объединяют же народы.

13 июля 2001 г. Пекин получил право провести Олимпиаду 2008 года. На этот раз китайцы выиграли гонку практически без борьбы. Через несколько минут после победы, миллионы счастливых китайцев высыпали на улицы страны, чтобы отметить свою победу. Пекин, как столица нашей страны с крупнейшим населением в мире, имеет полное право претендовать место проведения игр.

В августа 2008 г. Китай успешно устроил Олимпийские игры, и занял первое место в этих играх. Это гордость всех китайцев. Олимпийские игры 2008 года расширили контакт китайского народа с народами всего мира, укрепили дружбу между Китаем и другими странами.

Спорт и наша семья

План для сочинения:
(1) Любимый вид спорта брата
(2) Отец и спорт

(3) Сестра и спорт
(4) Любимый вид спорта мамы
(5) Я и спорт
(6) Можно назвать нашу семью здоровой.

В нашей семье все очень любят спорт.

Мой брат Борис: занимается спортом с детства, его любимый вид спорта – лёгкая атлетика. Он считает, что это главный вид спорта: надо хорошо и быстро бегать, уметь прыгать в длину и в высоту, надо быть сильным и выносливым.

Он участвовал в соревнованиях, был мастером спорта по лёгкой атлетике. Сейчас, когда он учится в институте, продолжает заниматься спортом.

Мой отец занимается бегом. Я не считаю, что это спорт. Это физкультура. Он бегает для здоровья, потому что он работает за письменным столом, а бег – это полезно для его здоровья. Он бегает летом, осенью, весной, в любую погоду.

Между прочим, когда мой папа был студентом, он играл в баскетбол в команде факультета журналистики. Команда выступала успешно, участвовала в соревнованиях между университетами страны.

Моя сестра увлекается гимнастикой, но она не спортсменка, а болельщица. По телевизору у нас часто показывают соревнования по гимнастике. Это её любимая спортивная передача.

А моя мама прекрасно играет в шахматы. Сейчас, когда она уже немолодая, она любит повторять, что шахматы – это самый лучший вид спорта, потому что в них можно играть в любом возрасте.

Что касается меня, то я очень люблю лыжи, бадминтон, настольный теннис. Люблю кататься на велосипеде, но не в городе, а за городом, на природе.

Можно ли назвать нашу семью спортивной? Не знаю. Но назвать здоровой – можно: мы почти никогда не болеем простудными заболеваниями. Это потому, что много времени проводим на воздухе. «В здоровом теле – здоровый дух» – так мы считаем.

Спорт в нашей жизни

Спорт очень популярен в нашей стране. Тысячи людей занимаются спортом, потому что спорт помогает людям сохранить хорошее здоровье. Самые популярные виды спорта в нашей стране – лёгкая атлетика, футбол, волейбол, баскетбол, хоккей, гимнастика, лыжи и коньки.

В нашей стране много стадионов, спортивных клубов и спортплощадок. В каждой школе учащиеся уделяют много времени занятиям спортом. Во-первых, у них есть уроки физкультуры. А когда уроки заканчиваются, они могут тренироваться в разных клубах и секциях. Время от времени каждая школа организует соревнование по различным видам спорта. Некоторые мальчики увлекаются также боксом. Среди девочек очень популярна художественная гимнастика. Зимой мы проводим много времени на коньках и лыжах. Мальчики любят играть в хоккей. Летом мы любим плавать, так как плавание делает человека здоровым и сильным.

  Что касается меня, я часто занимаюсь спортом. Кроме этого, я люблю смотреть хоккейный матч по телевизору. Я также смотрел последний чемпионат, который проходил в Финляндии. Российская команда играла очень хорошо, она уже почти завоевала золотые медали. Но последнюю игру с Национальной сборной Швеции она проиграла. Я был очень расстроен. В результате российская команда была третьей и завоевала только бронзовые медали.

9. 国家情感类

Родина

План для сочинения:
(1) С чего начинается Родина?
(2) С чего начинается любовь к Родине?
(3) Родина — мать.
(4) Настоящая любовь к Родине.

  Когда мы произносим слово Родина, перед нами как бы раскрываются бескрайние просторы — леса, поля, горы, снега, пески, реки, моря, острова. Но как река Янцзы берёт начало из маленького ручейка, так Родина начинается у твоего дома: с берёзки, с земли, с улицы. Родина начинается рядом с нами, где бы мы ни жили — на юге или на севере нашей страны.

  А с чего начинается любовь к Родине? То великое чувство, которое пробуждается в раннем детстве и проходит с человеком через всю его жизнь? Любовь к Родине не слабеет с годами, она становится всё сильнее, всё глубже. Во имя этой любви человек трудится, совершает подвиг, а иногда и отдаёт свою жизнь.

  Любовь к Родине начинается с любви к матери. От матери ты впервые узнал язык своей Родины. А в материнской песне прозвучал голос Родины. Мать научила тебя ходить по родной земле, узнавать по запаху цветы, а по голосам — птиц. Мать сделала тебя не только своим сыном, но и сыном Родины.

  Мать и Родина — нет на свете ближе и роднее слов. Мы говорим: Родина — мать. Родина действительно мать своего народа. И если Родина посылает тебя в бой, то это ей так же тяжело, как матери. Боль Родины — это боль всех матерей. Радость Родины — это материнская радость. Родина переживает за тебя, как мать. И если Родина гордится тобой, она гордится, как мать сыном. Но если ты станешь недостойным человеком, Родина испытывает за тебя материнский стыд.

  Многие из нас часто говорят: Мы любим Родину. Эта очень важные слова, и надо иметь на них право. А это право надо завоевать своим трудом, учебой, своей борьбой, своей жизнью.

Любить Родину — значит жить с ней всей жизнью. Радоваться, когда у Родины праздник, и страдать, когда Родине тяжело. И главное — беречь Родину, беречь, как свою мать. Не давать в обиду врагам, которые идут на неё с оружием, Не давать в обиду тем, кто думает только о себе и забывает о Родине.

Для человека всё должно быть дорого на своей Родине: и её народ, и её земли, и её история, и её завтрашний день.

Будущее Родины в наших руках.

Наши отцы доверяют нам самое священное — Родину. Любите ее, как свою мать.

Я горжусь тем, что я китаец

Я горжусь тем, что я китаец. Горжусь тем, что я живу в новом Китае.

Территория Китая обширная. Общая его площадь – около 9 миллионов 600 тысяч квадратных километров. Наша страна богата природными ресурсами. Пашня нашей страны занимает 7% пахотных земель всего мира, и кормит такое количество населения, которое занимает около 1/5 всех жителей и мире. По мере того как в Китае осуществляется реформа и открытость, комплексная мощь Китая усиливается. Международный авторитет нашей страны растёт с каждым годом. Во многих городах люди живут зажиточно. Китай уже занимает важное место на мировой сцене.

Китай — одна из самых древних стран в мире. Китайский народ сделал большой вклад для человеческой цивилизаций. Я уверен, что в будущем наша экономика будет развиваться быстрыми темпами. Уровень жизни населения будет намного улучшаться. Многие важные и актуальные вопросы будут решаться. Я уверен, что Китай будет играть более важную роль в мире не только в политике, но и в экономике и культуре.

Мы, студенты нового тысячелетия, обязаны отдать свои силы делу развития Китая. И я горжусь тем, что я китаец, что я буду служить своей Родине. Нужно, чтобы каждый китаец гордился своей Родины.

Дружба между Китаем и Россией

Историческая дружба между Китаем и Россией более укреплена в наши дни. Все уверены, что китайско-российские отношения на прочной базе непременно поднимутся в нынешнем столетии на новый, более высокий уровень.

Россия – это самая большая в мире страна по площади территории, а по численности населения Китай стоит на первом месте в мире. Россия находится на севере от Китая. Как говорится, близкий сосед лучше далеко находящегося родственника. И действительно, народы Китая и России живут в дружбе.

　　Я люблю Россию и русский язык. Конечно, учиться русскому языку очень трудно, но интересно. Каждый день я занимаюсь русским языком не меньше одного часа с половиной. В свободное от занятия время я часто обращаю внимание на новости о России.

　　В 2006 году был Год России в Китае, а в 2007 году был Год Китая в России. Во всём эти две больших страны помогают друг другу и учатся друг у друга. Я хочу стать переводчиком русского языка, чтобы в будущем познакомить русских гостей с Китаем и китайцев с Россией.

　　Да здравствует Китай! Да здравствует Россия! Да здравствует дружба между двумя странами. Пусть растёт с каждым днём дружба между Китаем и Россией.

Китай и Россия – вечные друзья

　　В 2001 году главы государств Китая и России заявили, что строительство отношений равноправного доверительного партнерства и стратегического взаимодействия является правильным историческим выбором.

　　В 2006 году в совместной декларации КНР и РФ сообщили решение о проведении Года РФ в КНР в 2006 году и Года КНР в РФ в 2007 году. Национальные Годы способствовали дальнейшему укреплению политического взаимодоверия, углублению сотрудничества сторон в политической, торгово-экономической, научно-технической, гуманитарной и других областях, упрочению социальной базы китайско-российской дружбы. Китайско-российские отношения вышли на небывало высокий уровень. Это отвечает коренным интересам обоих государств и народов двух стран, способствует поддержанию мира и стабильности в регионе и во всем мире.

　　Разумеется, русский язык, который некогда был очень популярен, а затем почти забыт в Китае, вновь входит в обиход простых жителей Китая. Теперь много народу употреблять веб-сайта на русском языке. Год РФ и Год КНР пробудили у китайской и русской молодёжи интерес к крупнейшему соседу и вдохновили многих начать изучать китайский и русский язык. Активное участие молодёжи в мероприятиях в рамках Года РФ и Года КНР свидетельствует о том, что у молодёжи двух стран имеется страстное желание развивать дружбу.

　　Я горжусь, что уже неплохо знаю русский язык. Конечно, меня не удовлетворил этот уровень. Я буду более старательно изучать русский язык и делать вклад делу дружбы между двумя странами.

10. 写人记事类

Немного о себе

Жизнь у меня обычная: учился в школе, сейчас учусь в институте на четвёртом курсе. Ничего значительного ещё не успел сделать. Родился в Пекине 5 августа 21 год назад. Когда мне исполнилось 6 лет, в нашей семье начались жаркие споры. Решали вопрос, где я буду учиться. Мама считала, что у меня есть музыкальные способности и хотела, чтобы я стал музыкантом, папа был против. Он хотел, чтобы я стал инженером.

Я учился в двух школах: общеобразовательной и музыкальной. Школьные годы прошли очень весело. Еще в школе я решил стать переводчиком, поэтому поступил в институт иностранных языков. Сначала мне очень трудно учиться русским языком. Но наша преподавательница говорит, что надо идти навстречу трудностям, что кто хочет, тот добьётся своего. Слова преподавательницы глубоко запали мне в душу. Это придавало мне уверенности. Теперь я полюбил свою специальность. Но любовь к музыке у меня осталась до сих пор. Что я еще люблю? Книги. Папа шутит, что книги скоро вытеснят нас из квартиры. Но он сам, как и мама, собирает библиотеку по своей специальности. У меня много хороших друзей. По праздникам я хожу в гости к ним или приглашаю их к себе. Дружба с хорошими ребятами даёт мне много.

Мой отец

План для сочинения:
(1) Характер и профессия отца
(2) Увлечение отца и его влияние на меня.

У каждого есть свои уважаемые и любимые люди. Мой самый любимый человек – это отец.

Мой отец очень умный и трудолюбивый, каждый день старательно работает, не зная усталости. Его любимая профессия – учитель рисования. Отец очень хорошо рисует. Когда он был ещё маленьким, он хотел стать художником и обязательно известным. Однажды он сказал мне: Когда я учился я 10 классе, я не знал, каким художником я буду: известным или неизвестным . И может быть, это не очень важно.

Сейчас я думаю, что важно любить своё дело, свою профессию. Сейчас, когда отец стал хорошим школьным учителем и известным художником, он как и раньше, много рисует каждый день.

В свободное время отец любит ещё читать. Я часто вспоминаю, как он научил меня любить книги. Дома он часто повторял: «Книга – учебник жизни», «Будешь книги читать, будешь всё знать»,«Книга – лучший подарок». И на дни рождения и на праздники он дарил мне только книги, интересные, умные книги. По вечерам, когда вся семья собралась вместе, мы читали вслух книги. И эти книги всегда помогают мне думать о жизни и понимать её.

Я никогда не забуду то, что мне дал мой отец.

范句参考

своё детство провести где-л.
在……度过自己的童年

с детства полюбить иностранный язык (природу, химию, физику, математику, историю, биологию, искусство, музыку, живопись)
从小就喜欢上外语（大自然、化学、物理、数学、历史、生物、艺术、音乐、绘画）

одно время увлекаться чтением (рисованием, спортом)
有一段时间迷恋上读书（画画、体育运动）

Не успеть оглянуться, как уже прошло 5 лет.
一转眼就过了五年。

Вот уже три года, как поступил в институт.
上大学已经三年了。

Радости не было конца.
快乐无穷

Разве я мог быть равнодушен к…?
难道我能够对……漠然处之吗？

Скоро мне надоело что делать.
很快我对做……感到厌烦了。

Пришла пора думать о смысле жизни.
该想一想人生的意义了。

Готов идти туда, куда меня направят.
让我上哪儿，我就上哪儿。

Я должен быть там, где трудно, где я нужен.
我应当去困难的、需要我的地方。

Нет большего счастья, чем быть верным сыном народа.
做人民的忠实的儿子是最幸福不过的事情。

всегда с благодарностью вспоминать его
总是心怀感激地想起他

Прошли годы, но образ учителя по-прежнему сохраняется в моей памяти.
数年过去了，老师的形象依旧留在我的记忆里。

Я готов всю жизнь работать на своём рядовом посту.
我准备一生工作在自己平凡的岗位上。

гордиться своей профессией.
为自己的职业感到骄傲

не простить себя за что-н.
因为……不能原谅自己

Эго событие определило мой жизненный путь.
这件事决定了我的人生道路。

Это оставило у меня неизгладимое (глубокое, незабываемое) впечатление.
这件事给我留下不可磨灭的（深刻的、难忘的）印象。

Прошло много лот, а всё это как будто было вчера.
很多年过去，但一切仿佛就在昨天。

Всем этим во многом я обязан своему учителю (своим родителям)
所有这一切多亏我的老师（我的父母）。

решить остаться дума и заняться своим любимым делом
决定留在家里做自己喜欢的事

Кому дома не сидится...
在家里坐不住

Мне в голову пришла мысль, что...
我有了一个……念头

за разговором и не заметить, как пролетело время
谈话时没注意时间飞快地过去

говорить о том, о сём
谈天说地

Жизнь полна неожиданностей.
生活中充满出人意料的事情。

Бывают дни, которые не забудутся.
有些日子永远难以忘却。

Такого дня не забудешь, хоть ты проживи сто лет.
即使活到百岁，也不会忘记这一天。

Это навсегда останется в моём сердце.
这件事永远在我心里。

Я не могу вспоминать всё это спокойно, без волнения.
我不能毫不激动、平静的想起这一切。

Всякое бывает в жизни.
生活中什么事都可能发生。

После этого я как бы намного вырос.
这件事后我仿佛长大了不少。

Пришла долгожданная пора.
期待已久的时刻到来了。

Сбылась моя давняя мечта.
我的宿愿得以实现。

прийти в восторг от чего
由于……欣喜万分

Никому в голову не приходит, что...
谁也没想到……

Вы подставить себе не можете, что...
你简直想不到……

вопреки всяким ожиданиям
出乎一切意料

Я не достоин такой похвали.
我不配受这样的夸奖。

Я сделал только то, что должен был сделать любой человек.
我只做了任何一个人都应该做的事。

Слава принадлежит всему коллективу, а не мне лично.
荣誉属于整个集体，而不是我个人。

Если бы вы были на моём месте, вы бы сделали то же самое.
如果你处在我的位置，你也会这么做。

Чем дальше от меня прошлое, тем чаще я вспоминаю эту историю.
日子过得越久，我越经常会回想起这件事。

обменяться (поделиться) с кем впечатлениями о (ком-чём-л.)
与……交流对……的感想

глаза (большие, маленькие, чёрные, мыслящие, выразительные, живые, умные, холодные, равнодушные, весёлые, глубоко запавшие)
（大的、小的、黑色的、深思的、富于表情的、活泼的、睿智的、冷冷的、漠然的、欢快的、深深凹陷的）眼睛

Глаза – это зеркало души.
眼睛是心灵的窗户。

брови (густые, ровные, редкие)
（浓密的、笔直的、稀疏的）眉毛

брови как крылья птицы
眉毛像鸟儿的翅膀

волосы (пышные, мягкие, светлые, густые, седые, длинные)
（蓬松的、柔软的、浅色的、浓密的、花白的、长长的）头发

губы (красные, бесцветные, толстые, тонкие)
（红色的、无色的、厚的、薄的）嘴唇

лицо (круглое, худенькое, бледное, смуглое, весёлое, грустное, усталое)
（圆的、瘦削的、苍白的、黝黑的、欢快的、忧郁的、疲惫的）面庞

лоб (высокий, широкий, морщинистый)
（高高的、宽宽的、布满皱纹的）额头

нос (прямой, крупный)
（笔直的、大大的）鼻子

руки (сильные, с длинными пальцами)
（强有力的、手指细长的）双手

голова (круглая, большая, маленькая)
（圆的、大的、小小的）头

Он тебе с первого взгляда понравится.
你一眼就会喜欢上她。

Черты лица красивы и правильны.
五官美丽、端正。

На лице выражалась внутренняя работа мыслей.
内心的思想活动表现在脸上。

На вид этой девушке можно дать лет двадцать.
这个姑娘看上去20岁左右。

Она одета в лёгкое платье.
她穿着薄薄的连衣裙。

человек высокого (среднего, низкого) роста
高个（中等个、矮个的）人

человек (полный, стройный, худенький, широкоплечий, коренастый)
（胖的、苗条的、瘦削的、宽肩膀的、矮壮的）人

человек в костюме (в свитере, в юбке, в галстуке, в джинсах)
穿西服（穿羊毛衫、穿裙子、扎领带、穿牛仔裤）的人

Аккуратная в каждой мелочи, она не терпела беспорядка.
她在细小的事情上也很讲究，对杂乱的现象从不容忍。

Он был всегда спокоен, точен в движениях и аккуратен, деловит, полон юмора и в то же время вежлив.
他一向冷静，动作准确，有条有理，办事干练，充满幽默感，同时也很有礼貌。

В глазах его бегают радостные огоньки.
他的眼睛里闪烁着喜悦的光芒。

Он, никогда не мечтал о личной славе, о блеске, стремился сделать всё что мог.
他从不图个人名誉，不想出人头地，一心专做他能做的事。

парень деловитый, всё у него всегда получается ловко и хорошо.
他是个精明能干的小伙子，任何事情总是办得又利落又好。

В нём чувствовалась огромная внутренняя сила.
他使人感到有一种巨大的内在力量。

Он казался старше (моложе) своих лет.
他看上去比实际年龄大（小）。

Он был на редкость умным (здоровым) человеком.
他是少有的聪明（健康的人）。

Он часто оставался неподвижным, опускал руки и задумывался.
他常常一动不动，垂着双手，陷入深思。

Его взгляд — проницательный и тяжёлый.
他的目光锐利而沉重。

Человек (добрый, образованный, гостеприимный, весёлый, молчаливый, разговорчивый, отзывчивый, решительный, скромный, самолюбивый, серьёзный, спокойный, сильный, сильный, строгий, смелый, добродушный, принципиальный, легкомысленный, прямой, трудолюбивый, умный, хитрый, находчивый, вспыльчивый)
（善良的、有知识的、好客的、快乐的、沉默寡言的、健谈的、富有同情心的、果断的、谦虚的、自尊心很强的、认真的、文静的、强有力的、严厉的、勇敢的、温厚的、有原则的、轻率的、直爽的、勤劳的、聪明的、狡猾的、机智的、好发脾气的）人

Они похожи как две капли воды.
他们长得一模一样。

жить всегда в (чьей) памяти.
永远留在……记忆中

никогда не хвастаться своими успехами (подвигами)
从不夸耀自己的成绩（功劳）

интересоваться государственными делами (текущими событиями)
关心国家大事（时事）

не любить говорить о себе
不喜欢谈论自己

держать себя скромно (вежливо)
举止谦逊（有礼貌）

пользоваться уважением (авторитетом, любовью) среди товарищей
受到同学们的尊敬（在同学中享有威信，受到同学们的爱戴）

не пренебрегать маленькими делами
不忽略小事情

не успокаиваться на достигнутом
不满足于已取得的成就

открыто признаться в своих недостатках
开诚布公地承认自己的不足

подавать пример кому
给……做榜样

Он воспитывает нас личным примером.
他以身作则。

никогда не повышать голоса на других
从不对别人大喊大叫

держаться как равный со своими учениками
对自己的学生平易近人

заставлять учеников (детей) активно мыслить
让学生（孩子们）积极思考

воспитывать в учениках (детях) чувство уважения к людям
培养学生们（孩子们）尊重别人的品质

строгий к себе и требовательный к ученикам
严于律己，对学生也严格要求

всю свою душу вкладывать в работу
全身投入工作

Я привык рано вставать и в выходные дни.
休息日里我也习惯早起。

11. 写景说明类

Наш город

План для сочинения:
(1) Коротко о городе
(2) Красоты города
(3) Архитектура города

Харбин – это мой родной город. О нём по-разному говорят: «жемчужина на шее лебедя», «восточный Париж», «восточная Москва»... Он славится своими достопримечательностями, а в зимнее время – ледяными скульптурами и дворцами. Теперь он является административным центром провинции Хэйлунцзян.

Харбин расположен на берегу Сунгари. В нём имеются широкие проспекты, парки культуры и отдыха, современные высотные здания и величественные памятники. Город чист и красив. В городе много зелени и цветов. Он похож на большой красивый сад.

Зимой Харбин покрыт снегом и льдом. Он весь как бы в серебрянкой чудесной праздничной одежде. Ледяные фонари и скульптуры изо льда покажутся вам чудесной сказкой. А летом радуют глаз прелестные пейзажи и живописная природа. Вам понравится замечательный ландшафт Солнечного острова. И вы не захотите покинуть его.

Кстати, в Харбине многие здания строятся в китайском стиле, но зданий в европейском стиле тоже не мало. Например: Софийский собор, куда каждый день приезжают сотни людей со всех концов мира. Там наблюдается чудесная экзотика. Можно сказать, что Харбин – это единственный китайский город, где можно увидеть так много красивых и неповторимых зданий в европейском стиле.

Я люблю свой родной город и горжусь им. Он молодеет и хорошеет с каждым днём. Надеюсь, что Харбин будет становиться всё лучше, красивее и неповторимее.

Наш институт

План для сочинения:
(1) Институт известен в мире.
(2) О том, кто здесь работает или учится.
(3) Сооружения в институте.
(4) Любовь к институту.

Наш институт – Харбинский политехнический институт – является одним из ведущих вузов Китая. Он известен не только в стране, но и во всём мире.

Наш институт был основан в 1920 г. Он готовит, в основном, инженеров, преподавателей для вузов и необходимых специалистов для развития народного хозяйства. Здесь работают 5 тысяч преподавателей и учатся 20 тысяч студентов, аспирантов и докторантов. Ежегодно приезжают сюда учиться все больше и больше иностранных студентов.

В институте построены учебные корпуса, в которых помещаются аудитории, лекционные залы и кабинеты. А рядом с главным корпусом находится новая красивая библиотека, это моё любимое место для самостоятельных занятий. В институте ещё есть много удобных, студенческих общежитий и современный спортивный комплекс, при котором имеются спортивный зал, площадки и бассейн.

Институт для нас но только место учебы, но и большой красивый сад. В нём много зелени и цветов, везде чисто и аккуратно. Я люблю его каждый уголок. Всё в нём: и учебные корпуса, и красивая библиотека и спортивный зал, нам близко и мило. Как приятно в свободное время гулять по институтскому двору или сидеть на скамейках, любоваться всем прекрасным.

Я люблю наш институт и очень горжусь им. Хочется, чтобы он становился ещё более красивым.

范句参考

Город – это прежде всего люди.
城市首先是城里的人。

Город живет уже (сколько лет).
城市已有……年的历史。

расти быстро, как грибы после дождя
如雨后春笋般快速发展

На свете есть много больших и прекрасных городов.
世上有许多大而美丽的城市。

никогда я не видел города, который был бы похож на...
我还没见过像……一样的城市

Мой родной город всегда похож только на самого себя.
我的故乡独一无二。

Мой родной город не уступает самым прославленным и древним городам мира.
我的故乡不逊色于世界上那些最著名的和最古老的城市。

Оттуда перед вами откроется вид на весь город.
在那里全城景色都会展现在您面前。

Это город древней культуры.
这里是一座文化古城。

привлекать туристов разных стран мира
吸引着世界各国的旅游者。

славиться во всей стране ледяными фонарями и историческими достопримечательностями
以冰灯和历史古迹而驰名全国

Наш город молодеет и хорошеет с каждым днём.
我们的城市一天天地变得年轻和美丽。

О Байкале можно рассказывать без конца: здесь всё — красота, всё — поэзия. И само озеро похоже на великолепное произведение искусства.
关于贝加尔湖可以说很多很多，这里到处都是美景，充满诗情画意。湖本身就像是一幅壮观的艺术作品。

На разных факультетах учатся тысячи студентов, аспирантов и стажёров-иностранцев.
在各系学习的有几千名大学生、研究生和外国进修生。

В институте работают известные профессора и опытные преподаватели.
学校里工作着著名的教授和有经验的老师。

Наш институт находится на окраине города, в очень красивом месте.
学校位于郊外一个十分美丽的地方。

Наш институт готовит специалистов и преподавателей для вузов.
我们学校培养专家和大学老师。

Студенты проходят много учебных предметов.
学生们学习很多课程。

12. 书信类

Письмо родителям

Дорогие мама и папа!
Ваше письмо я уже получил, но не мог сразу ответить, потому что в последнее время у нас были экзамены.
Сейчас в Москве уже весна. А в Шанхае, наверное, уже совсем тепло.
Завтра у нас начнутся весенние каникулы. Я хочу на этих каникулах поехать в Санкт-Петербург. Андрей, мой товарищ, петербуржец, уже много раз приглашал меня к себе в гости. Я ещё не был в Санкт-Петербурге, но много читал и слышал о нём.
Санкт-Петербург — город-герой, там началась Великая Октябрьская революция. Там родилась Советская власть. Когда шла Великая Отечественная война, ленинградцы героически защищали город.
Санкт-Петербург стоит на реке Неве. Это очень большой город. Там прямые, широкие улицы, высокие здания, красивые памятники, зелёные сады и парки. Каждый год Санкт-

Петербург посещают иностранное туристы, И я тоже хочу своими глазами увидеть его исторические места, его музеи и театры, посмотреть замечательный балет. Я обязательно возьму фотоаппарат и буду там фотографировать.

Когда вернусь в Москву, я вам подробно напишу об этом городе.

Как ваше здоровье? Как чувствует себя бабушка?

До свидания.

书信常用语句

(1) Получили твое письмо, будем с радостью ждать твоего приезда.

(2) Получил Ваше письмо, благодарю за внимание и добрые пожелания.

(3) Получили Ваше письмо и искренно благодарим Вас за сердечное поздравление с Новым годом.

(4) Получив вчера твоё письмо, спешу тебе ответить.

(5) Как можно так долго молчать, ведь я уже написал тебе пять писем.

(6) С месяца на месяц откладывал ответить на Ваше письмо, разрешите выразить глубокое извинение.

(7) Разрешите извиниться, что задержались с ответом.

(8) Всё собиралась да и собиралась ответить тебе, но никак не могла оторваться от работы.

(9) Вот теперь сел наконец и взялся написать тебе подробное письмо о моей жизни, моих делах, моей семье.

(10) Надо постараться скорее написать ответное письмо Николаю, а то он обидится.

(11) Извините за молчание, но не могу объяснить Вам, отчего задержался с ответом.

(12) Шлю подарочек дорогому Петеньке, поздравляю с днём рождения

(13) Спешу сообщить Вам, что книга, написанная г-ном Ваном, уже вышла.

(14) Извините, что не смог срочно ответить Вам, так как мне пришлось подробно изучить Ваше предложение.

(15) Посылая Вам телеграмму г-на Лю, надеюсь, что Вы непосредственно ответите ему.

(16) От имени всей семьи, позвольте пожелать Вам здоровья и больших успехов.

(17) В дни Вашего 80-летия и полувековой научной деятельности, сердечно поздравляю Вас и желаю Вам здоровья и долголетия.

(18) Разрешите Вас поздравить с Новым годом.

(19) Горячо приветствуем делегатов съезда.

(20) Позвольте поздравить Вас с успешной защитой диссертации, и желаю дальнейших успехов.

(21) Позвольте сердечно поздравить Вас с окончанием института и пожелать Вам новых успехов.

(22) Ценю каждое присланное Вами письмо так же, как и нашу дружбу.

(23) Мне кажется, что ты преувеличил те успехи, которые ты описал в предыдущем письме.

(24) Хотелось бы подробно написать тебе о моём впечатлении, однако времени не хватает.

(25) Вы не можете представить себе, как мне хочется поделиться с Вами о своих больших достижениях.

(26) С унынием читал Ваше письмо. Особенно огорчён Вашим настроением. И всё же надо найти в себе силу не поддаваться настроению.

(27) Николай пишет, что приглашает нашу семью провести у него на даче отпуск.

(28) Никак не мог предположить, что содержание моего письма обидело тебя, однако всё же это факт.

(29) Клянусь тебе, что я полностью верю в то, о чём ты писал (-а) в прошлом письме.

(30) Полностью согласен с взглядом, высказанным в письме, никто не сможет возразить против него.

(31) Часто вспоминаю те радостные дни, которые мы с Вами провели в институте.

(32) Как бы мне хотелось снова увидеться с Вами, и потолковать о будущем плане.

(33) Мне непременно нужно увидеть тебя в ближайшие дни, и обсудить с тобой важное дело.

(34) Жди моего приезда, много есть чего тебе рассказать о моей жизни.

(35) Принимаю Ваше недовольство по поводу того, что я долго не отвечал Вам. Меня оправдывает только то, что я два месяца не был дома.

(36) Выражаем сожаление по поводу отсутствия ответа на наш запрос.

(37) Прошу принять наше извинение а связи с тем, что долго не отвечали на Ваш запрос.

(38) Нужно написать извинительное письмо в связи с невыполнением заказа.

(39) Никак нельзя простить его за недисциплинированный поступок.

(40) Прошу сообщить, если Вас не затруднит, когда будете проводить научную конференцию.

(41) Просим Вас отсрочить срок встречи, ввиду создавшегося у нас происшествия.

(42) Учитывая Ваше неловкое положение, согласны отсрочить встречу на один месяц.

(43) Прошу ответным письмом подтвердить, что Вы уже получили мое рациональное предложение.

(44) Просим срочно прислать оригинал соглашения, подписанного в прошлом месяце.

(45) Мечтаю получить твою весточку, в которой ты рассказала бы свою историю.

(46) Очень соскучился по тебе и жду с нетерпением, когда увижусь с тобой.

(47) На этом письмо заканчиваю, да и письмо получилось длинное.

(48) На этом заканчиваю письмо. Передай самые хорошие пожелания всем, кто знает меня. Целую Тебя!

(49) Кончая писать, хочу добавить, что ваши ответные письма всегда радуют нашу семью.

(50) Уж много написал, нечего больше прибавлять.

(51) Да совсем забыл сообщить, что Гао Сян выезжает в командировку в твой город через неделю.

(52) Дай крепко пожать твою руку, надеюсь, что вскоре снова встретимся.

13. 其他题材

看图作文：

	Азии	Африка	Северная Америка	Южная Америка	Антарктида	Европа	Океания
Площадь	30%	20%	16%	12%	9%	7%	6%
Население	58%	11%	9%	5%	0	16%	1%

Площадь и население частей света

По данной таблице можно узнать, что Азия занимает первое место по площади и по численности населения. Её население превышает одну вторую часть общей численности всей планеты, в пить раз больше, чем в Африке. Кроме того, плотность населения в Азии тоже больше, чем в Африке. Однако плотность населения Азии ещё не самая большая .

Европа занимает второе место по численности населения, а по площади — предпоследнее место. Европа обладает самой большой плотностью населения.

По численности населения Антарктида занимает последнее место, хотя её площадь больше, чем в Европе и Океании. Но там почти нет жителей.

Площадь Северной Америки вдвое больше, чем Европа, по численность населения почти в два раза меньше, чем в Европе. Океания занимает предпоследнее место по численности жителей, уступа я Антарктиде.

Площадь Южной Америки почти вдвое больше, чем в Океании, а число жителей в пять раз больше, чем в Океании. Несмотря на то что площадь Южной к Северной Америки почти равняется площади Азия, количество людей Азии превышает общее число населения Южной и Северной Америки па 44%.

Отсюда следует, что размещение населения во всем мире отличается сильной неравномерностью. Некоторые части обладают высокой плотностью населения, а в некоторых частях людей почти нет.

Материнская любовь

План для сочинения:
(1) Материнская любовь — самое прекрасное в мире.
(2) Что значит материнская любовь?
(3) Моя мать
(4) На что похожа материнская любовь?
(5) Как отблагодарит мать?

На свете существует много чудесного и прекрасного: чистая природа, старинная архитектура, замечательные художественные произведения, национальная кухня, благозвучная музыка, изящный танец. Но я считаю, но самое чудесное и прекрасное — это любовь, тем более материнская любовь.

Что значит материнская любовь? Это мягкая улыбка, нежная ласка, любимый взгляд, заботливые слова, даже тревожные слезы. Короче говоря, материнская любовь — значит, когда ты радуешься, твоя мать улыбается за тебя, когда ты страдаешь, твоя мать плачет за тебя. Ее улыбка и слезы тесно связаны с твоей судьбой. Ты был её жизнью, к тому же ты окружён материнской любовью.

В детстве я всегда чувствовала, что моя мать неласковая, неспокойная. Иногда я даже считала, что мать равнодушна, она не любила меня и не заботилась обо мне, поэтому я часто завидовала тем, кого любит мать. Но несколько лет назад меня положили в больницу, мама была со мной с утра до ночи. Я видела своими глазами, как она заботилась обо мне. С тех пор я поняла, что материнскую любовь не передать словами, потому что она существует всегда и везде.

Мать великая, она дала нам жизнь. Материнская любовь тёплая, она присутствует в нашей жизни и работе. Материнская любовь добрая, так как мать легко прощает своих детей.

Материнская любовь похожа на реку, чистит нашу душу. Материнская любовь похожа на гору, учит нас не бояться горя, трудностей и неудач. Материнская любовь, похожая на солнечный луч, отдаёт людям тепло.

Мы каждый день заняты учёбой, работой. А мать потихоньку заботится о нас. А чем можно отблагодарить её? Надо старательно работать, учиться, чтобы мать гордилась нами. Надо часто вместе быть с мамой: гулять, обедать или разговаривать, чтобы она знала, что мы любим ее и нам нужна её любовь.

Ночь уже глубокая и тихая. Мама устаёт и ложится спать. Спи, мама, я люблю тебя.

Роль музыки в жизни

План для сочинения:
(1) Музыка всегда сопровождает нас.
(2) Государственный гимн
(3) Я и музыка

Музыка играет большую роль в нашей жизни. Невозможно представить себе нашу жизнь без музыки. Мы имеем дело с ней почти везде и всегда.

Мы часто слушаем приятную и лёгкую музыку. Утром ребята делают зарядку под маршеобразную музыку. А свадьба всегда проходит под приятную музыку, здесь музыка дарит гостям радость и приносит оживлённую атмосферу. Даже во многих магазинах иногда звучит лёгкая музыка или популярные песни, и покупатели могут делать покупки с хорошим настроением.

Особенно важную роль во всех странах мира играет государственный гимн. Если наш спортсмен занимает первое место на международных соревнованиях, то играет наш государственный гимн, это же его гордость, и когда поднимается государственный флаг, все мы, китайцы, веселимся и радуемся.

Я люблю слушать музыку, а иногда сам играю на гитаре и пою. По-моему, музыка – это самое высокое искусство, потому что она гармонична с нашей душой. Она успокаивает нас, приносит нам хорошее настроение. Музыка не только приносит нам радость, но и воспитывает в нас чувство красоты . Она помогает человеку в труде и на отдыхе, делает жизнь человека интереснее, поэтому нам всегда нужна музыка.

四、八级真题模拟

2005年全国高校俄语专业八级水平测试试卷

(试题答案见随书光盘)

口语表述 (Говорение, 10 мин.)

听录音 (听力音频、听力原文见随书光盘)

听力理解 (Аудирование, 20 мин.)

Прослушайте тексты и задания. Выберите правильный вариант и отметьте соответствующую букву на матрице.

听录音 (听力音频、听力原文见随书光盘)

Текст 1

Задание 1.
A) 8.　　　　　B) 18.　　　　　C) 26.　　　　　D) 134.

Задание 2.
A) Администрация городов и районов.
B) Работники аэропорта.
C) Сотрудники Министерства внутренних дел.
D) Сотрудники Федеральной службы безопасности.

Текст 2

Задание 3.
A) Они были первыми.
B) Они были последними.
C) Они прошли дважды.
D) Они прошли после команд Австралии и США.

Задание 4.
A) Это она четырехкратная чемпионка Олимпийских игр.
B) Она завоевала третье место после Австралии и США.
C) Она занимает третье место по численности спортсменов.
D) Главой Росссийской делегации был Александр Попов.

Текст 3

Задание 5.
A) Юрий Заретин.　　B) Сергей Лончаков.　　C) Юрий Лончаков.　　D) Сергей Заретин.

Задание 6.
A) В 3 часа дня, в России.
B) В 3 часа дня, в Казахстане.
C) В 3 часа ночи, в России.
D) В 3 часа ночи, в Казахстане.

Текст 4

Задание 7.
A) Представительство Красного Креста.
B) Правительство Москвы.
C) Столичное представительство Кузбасса.
D) Правительство Кемеровской области.

Задание 8.
A) 21-40-09.   B) 201-40-09.   C) 201-09-40.   D) 21-09-40.

Текст 5

Задание 9.
A) 7 дней.   B) 10 дней.   C) 14 дней.   D) 30 дней.

Задание 10.
A) Фестиваль детской литературы
B) Литературные конкурсы.
C) Неделя детской книги.
D) Встреча с детскими писателями.

Текст 6

Задание 11.
A) По инициативе чешского зоопарка.
B) По инициативе московского зоопарка.
C) По инициативе столичного зоосада.
D) По инициативе крупных зверинцев.

Задание 12.
A) Жители Москвы.
B) Посетители, пришедшие с редкими животными.
C) Все желающие.
D) Посетители, пришедшие с будильниками.

Текст 7

Задание 13.
A) 30 тысяч.   B) 300 тысяч.   C) 3 миллиона.   D) 30 миллионов.

Задание 14.
A) Сокращение количества автомобилей.
B) Загрязнение окружающей среды.
C) Строительство монорельсовой дороги.
D) Решение современных транспортных проблем.

Задание 15.
A) На северо-востоке Москвы.
B) На востоке Москвы.
C) На севере и на востоке Москвы.
D) На севере Москвы.

Чтение понимание (Чтение, 30 мин.)

Прочитайте тексты и задания. Выберите правильный вариант и отметьте соответствующую букву на матрице.

Текст 1

Шестьдесят пять лет назад в продаже впервые появилось баночное пиво. Нельзя не признать: идея, пришедшая в голову некоему Готфриду Крюгеру, действительно перевернула мир. Чтобы понять суть революционного открытия, давайте-ка вспомним «этапы большого пути» обыкновенной консервной банки.

Вот уже почти два века человечество занимается консервацией пищи. Забавно, что впервые эта благая мысль пришла в голову не домохозяйке, а солдату из армии Наполеона по имени Никола Аппер. Он случайно заметил, что если пищу поместить в стеклянную банку, надежно перекрыть доступ туда воздуха, а затем хорошенько нагреть, то и через несколько дней содержимое можно есть без опасности. И в результате многолетних опытов в 1810 году на свет появилась его книга — первый труд по консервации.

К тому времени Аппер уже открыл фабрику пищевых консервов, получив от правительства премию в 12 тысяч франков за свое изобретение. Новинка быстро завоевала Европу, хотя никто тогда не знал, почему пища так долго сохраняется в предварительно прогретой воздухонепроницаемой посуде: бактерии, от которых портится пища, будут открыты только в конце девятнадцатого века.

Следующая революция случилась в Англии, где впервые додумались использовать для консервирования продуктов не стеклянную, а железную посуду. Так появились первые настоящие консервные банки, которые не бьются. Очень скоро перспективной идеей заинтересовались военные, моряки...

Между прочим, сейчас это, конечно, звучит дико, но на протяжении почти столетия «консервы» оставались лишь пищей богачей. «Железки» изготавливались вручную (опытный рабочий мог за час сделать не более шести банок), а открыть тогдашние консервы можно было только с помощью молотка.

Но самое потрясающее событие, обеспечившее полную и окончательную победу консервов, произошло в 1939 году. Когда ученые вскрыли случайно сохранившиеся банки с консервированной бараниной, заготовленные для одной полярной экспедиции еще в начале прошлого века, то выяснилось, что мясо не только съедобно, но и сохранило все свои питательные свойства! К тому времени уже догадались заменить железо на тонкую стальную жесть, и консервы превратились в то, чем они являются и сегодня: удобным, экономным и «долгоиграющим» заменителем «настоящей» пищи.

16. Когда Аппер изобрел консервную банку?
A) В 1810 году. B) До 1810 года. C) К 1810 году. D) После 1810 года.

17. В какой стране появились впервые пищевые консервы?
A) В Англии. B) В Америке. C) Во Франции. D) В Германии.

18. Как отнеслись к изобретению Аппера?
A) На изобретение Аппера не обратили внимания.
B) К изобретению Аппера плохо отнеслись.
C) За изобретение Аппера наградили медалью.
D) За изобретение Аппера наградили деньгами.

Текст 2

Поведение нефтяных цен на прошлой неделе было гораздо более удивительным и неожиданным, чем многочисленные чуть ли не ежедневные рекорды, устанавливаемые ценами на черное золото на протяжении последних нескольких месяцев, – на минувшей неделе цены не только не росли, но даже немного снизились. Однако уже в пятницу стало понятно, что такое развитие событий было скорее исключением из правил. К концу недели из Ирака поступили сообщения о том, что в поставках опять появились сбои. Цены снова поползли вверх. Вчера экспорт иракской нефти через терминалы Персидского залива был остановлен полностью, следствием чего, естественно, стало еще более активное подорожание. В результате на вчерашних торгах цена нефти достигла 43,30 долл. за баррель.

Между тем Организация стран-экспортеров нефти (ОПЕК) в очередной раз сообщила о том, какой уровень цен считает оптимальным для сбалансированного развития мирового рынка. По мнению специалистов, цена барреля не должна превышать 30 долл. Снижение стоимости до этого уровня «было бы разумным как для стран-членов ОПЕК, так и для других государств». Этот вопрос будет поднят на заседании в Вене. На повестке дня будет также тема повышения квот (限额) на добычу черного золота.

Столицу Австрии на время конференции ОПЕК собираются посетить и представители России. По уверению главы Минпромэнерго РФ, Россия разделяет озабоченность ОПЕК в отношении факторов, отрицательно сказывающихся на глобальном соотношении спроса и предложения на нефть.

Впрочем, пока России, как одному из крупнейших экспортеров нефти, грех жаловаться на мировой спрос. К слову, только вчера стало известно о том, что переговоры об энергетическом сотрудничестве между Россией и Китаем активизируются. Объем экспорта российской нефти в Китай продолжает наращиваться, железная дорога постепенно будет увеличивать поставки.

Кстати, в последнее время Китай серьезно озабочен энергетической проблемой. Китайские экономисты, чиновники и ученые вовсю готовятся к возможному энергетическому дефициту и трудятся над разработкой альтернативных источников энергии. Уже в следующем году в стране может появиться закон, обязывающий распределительные компании закупать электроэнергию, выработанную на солнечных и ветряных станциях. Помимо этого, правительство Китая учредило два комитета, которые уже успели выработать законопроекты, направленные на развитие альтернативных энергетических источников. Отметим, что ранее Китай отдавал предпочтение традиционным тепловым электростанциям, работающим на широко доступном угле, теперь же правительство пытается всеми способами отойти от этого неэкологичного вида топлива. При этом сам уголь, возможно, будет направлен на переработку – в Китае построен и уже начал работать завод по производству из него аналогов нефтепродуктов.

19. Что больше всего удивило специалистов на энергорынке на прошлой неделе?
A) Непрерывное повышение цен на нефть.
B) Небольшое снижение цен на нефть.
C) Резкое подорожание нефти.
D) Остановка экспорта нефти из Ирака.

20. О чем в основном пойдет речь на совещании в столице Австрии?
A) Об увеличении добычи нефти.
B) Об увеличении экспорта нефти из России.

C) Об энергетическом сотрудничестве между Россией и Китаем.
D) О разработке альтернативных источников энергии.

21. Какое из следующих высказываний соответствует содержанию текста?
A) Теперешний высокий уровень цен на нефть удовлетворяет страны-члены ОПЕК.
B) В течение большого периода цены на нефть постоянно повышаются.
C) Китай старается расширить источники энергии.
D) Китай ограничивает употребление солнечной электроэнергии.

Текст 3

Когда в одном из московских издательств начала выходить серия российских детективов, самым популярным автором этой серии стала писательница Александра Маринина.

Маринина – это псевдоним, настоящее имя писательницы – Марина Анатольевна Алексеева. Ей 45 лет, она – юрист по образованию. Работала в органах внутренних дел и в Московском юридическом институте МВД. Свои профессиональные обязанности Маринина совмещала с активной литературной деятельностью. За последние пять лет ею написано 7 романов и 12 повестей, общий тираж которых составил более пятнадцати миллионов экземпляров.

Пресса не устаёт сравнивать Александру Маринину с Агатой Кристи, но ей это сравнение совсем не льстит, и не потому, что Агата Кристи – плохой писатель. Маринина считает, что та – писатель гениальный. А любимый литературный герой Марининой – комиссар Мегрэ. Но Маринина пишет совсем не так стилистически, и самое главное – пишет совсем о других героях. Если главные герои Агаты Кристи и Жоржа Сименона – это частные сыщики, то Маринина про частный сыск (侦查) не пишет принципиально, только про государственный, милицейский.

В цикле книг Марининой постоянные герои, читатель привыкает к ним. Главная героиня – майор милиции Анастасия Каменская. Она работает в Московском уголовном розыске. Весь облик героини, казалось бы, совершенно не соответствует ее работе. Настя – человек слабый физически, приемов самозащиты не знает, оружие при себе не носит. Как же в таком случае Настя справляется с работой в уголовном розыске? Ведь на смену традиционной преступности на бытовой почве пришла организованная преступность, связанная с разделом сфер влияния, использующая современные методы организации, опирающаяся на последние достижения науки, медицины и техники.

Насте приходится иметь дело с преступлениями, которых не было несколько десятилетий назад: заказные убийства, проникновение уголовного капитала в политику, коррупция в самих правоохранительных органах... Не раз Насте, занимающейся тем или иным делом, грозит реальная физическая опасность.

Каменская занимается не оперативной, а аналитической работой, она обладает строгим логическим мышлением, феноменальной памятью и выдающимися способностями к обобщениям. У нее с коллегами существует своеобразное разделение труда: они добывают информацию, а Настя выстраивает ее в рабочие гипотезы, выдвигает версии и придумывает способы их проверки. Часто в работе ей помогает хорошее знание европейских языков, которые Настя выучила с детства.

В повестях Марининой много знакомых москвичам названий улиц, площадей, деталей столичного быта, образа жизни. Настя живет в однокомнатной квартире у кольцевой автодороги, четыре автобусные остановки от станции метро «Щелковская». На работу ей нужно ездить до «Тверской» или «Чеховской», которая поближе к Петровке. Планируя свои операции, Настя и ее коллеги составляют по карте Москвы оптимальные маршруты, которые охватывают все нужные им адреса.

Вероятно, Маринина придала Каменской и другим героиням своих повестей какие-то собственные черты, положила свой жизненный опыт в основу ряда сюжетов.

Можно критически относиться к детективу как к жанру в целом, можно критически относиться к творчеству именно Марининой. Однако невозможно игнорировать феномен ее колоссальной популярности у читателей.

22. Почему Марининой не льстит сравнение ее с Агатой Кристи?
A) Агата Кристи пишет про частный сыск.
B) Маринина хочет иметь собственное лицо
C) она не считает Агату Кристи гениальной писательницей.
D) Маринина не любит героев Агаты Кристи.

23. Почему физически слабая Каменская справляется с работой в уголовном розыске?
A) Потому что она знает европейские языки.
B) Потому что у нее аналитическая работа.
C) Потому что она носит при себе оружие.
D) Потому что она знает прием самозащиты.

24. Как Анастасия Каменская едет с работы домой?
A) Сначала на метро от «Щелковской» до «Тверской», затем на автобусе до кольцевой дороги.
B) Сначала на метро от «Щелковской» до «Чеховской», затем на автобусе до Петровки.
C) Сначала на метро от «Тверской» до «Щелковской», затем на автобусе до кольцевой дороги.
D) Сначала на метро от «Чеховской» до «Щелковской», затем на автобусе до Петровки.

Текст 4

Со второго класса я учил немецкий язык в московской спецшколе № 8. Учились там не только привилегированные дети, но ввиду их нехватки и обыкновенные вроде меня. Учить «вражеский» язык в ту пору, когда мы только и делали, что играли в войну – «фашистов и русских», совершенно не хотелось, но учителя заставляли, пугая Карлом Марксом, который как-то справедливо сказал, что знание иностранного языка – очень важное средство в борьбе за существование. У наших учительниц были почти немецкие фамилии: Штейнгарт, Нахмансон, Иоффе, а у Ирины Гаррьевны Комарденковой девичья фамилия была и вовсе немецкой – Шнитке.

Учителя постепенно склоняли нас к любви к немецкому языку, литературе и вообще к Германии, в первую очередь, конечно, к ГДР. Хотя в поездки на историческую родину немецкого языка нас не посылали, учили «всухую», мы к концу обучения уже читали Ремарка в оригинале и могли болтать по-немецки довольно свободно, жаль только не с кем.

Первыми живыми немцами, которых мы увидели в выпускном 1971 году, были ученики 12-го класса из Ганновера, приехавшие в пору сближения Брежнева и Вилли Брандта в Москву. В актовом зале школы их посадили на сцену за стол президиума. Они непринужденно отвечали на вопросы сидевших в зале комсомолок. Наши скромно одетые девочки шокировали немецких юношей своей зрелой красотой, нескромной короткостью мини-юбок и спрашивали о том о сем.

Спрашивали, пока на вопрос о том, каких русских писателей они предпочитают, здоровенный длинноволосый красавец из Ганновера, больше похожий не на школьника, а на популярного тогда в России Дина Рида, простодушно признался, что очень любит русскую литературу, особенно Набокова и Солженицына. Завуч Софья Борисовна Штейнгарт круто перевела разговор в сторону Шолохова, Фадеева и миролюбивой политики Леонида Ильича – в результате обещанные в культурной программе совместные танцы под благовидным предлогом отменились, и следующие десять лет я живых немцев не видел и ни о чем их не спрашивал.

Но когда к власти пришел Горбачев, мои русско-немецкие связи стали укрепляться сильно. Летом 1989 года я побывал на гастролях в ГДР, посетил восточный Берлин, и оказалось, что жители столицы по-немецки (ввиду берлинского диалекта) говорят гораздо хуже меня. Забавный случай произошел с одним из моих коллег. Он искал наиболее дешевый магазин под названием «Югендмоден» и никак не мог найти, наконец обратился к проходившей мимо пожилой женщине, нервничая и путаясь: «Фрау, где хир Гитлерюгенд?» Женщина вскрикнула и побежала от него, как от сумасшедшего, а он, не разобравшись что к чему, будучи членом партии, сделал далеко идущий вывод о необходимости усиления мер по укреплению дружбы народов и Варшавского договора.

Перестройка, Горби, перемены, накопленное прорвалось, железный занавес рухнул. На гастролях я познакомился с актером Марком, при помощи которого мы потом дважды вывозили мою тогда тяжело заболевшую маленькую дочь на лечение. Как после этого не полюбить немцев?

Дружба народов – понятие политическое, а вот дружба между людьми разных народов – вполне неофициальное, личное.

25. Как автор относился к изучению немецкого языка в школе?
A) Он не любил немецкого языка, предпочитая играть в войну.
B) Он не любил немецкого языка, считая его вражеским
C) Он старательно немецкого языка, сильно боясь учителей.
D) Он старательно немецкого языка, помня слова Карла Маркса о знании иностранного языка.

26. Какие условия учебы были у школьников?
A) Не было у них языковой среды.
B) Их учителя были немцами.
C) Они учились с немецкими детьми.
D) Иногда они ездили в ГДР.

27. Когда автор по-настоящему полюбил Германию?
A) Как только рухнул железный занавес.
B) Когда он в первый раз поехал на гастроли в Берлин.
C) Когда он понял, что хорошо говорит по-немецки.
D) Когда он подружился с немецким актером.

Текст 5

Северная полночь подкралась неслышно и мягко. Николай Иванович взглянул на часы и задумался. В этот момент дверь стремительно распахнулась.

Николай Иванович с удивлением оглядел ввалившегося в комнату молодого великана. Слегка приподнявшись с кресла, спросил:

– Чем обязан, молодой человек?

– Вы – Аксенов? Доктор Аксенов?

Доктор? Возможно... Впрочем, доктором я перестал быть очень давно, с тех пор, как ушел на пенсию.

— Доктор... вы должны помочь, доктор. Я – Серегин, с метеостанции... Понимаете, она только сегодня приехала... Такое несчастье... Вышли на лыжах – и на сук. Пробита грудь. Без памяти... По тропинке ее не снести... Вы должны пойти со мной, доктор...

Николай Иванович молчал. Годы, старое, изношенное сердце... О чем тут можно говорить. Серегин, поняв его без слов, упавшим голосом произнес:

— Только вы можете помочь, доктор... О вас рассказывают чудеса. Поймите! – неожиданно повысил он голос. – Это же – она!

Последнее было произнесено так, что у доктора чаще забилось сердце.

— Она? – переспросил Николай Иванович, думая о том, где у него может быть чемоданчик с хирургическими инструментами. Серегин, как эхо, отозвался:

Она, доктор... Настенька...

— Гм... И все же, молодой человек, не теряя времени, обратитесь к хирургу Поприщенко. Он от меня через два дома... А мне не добраться...

Встретив взгляд парня, Николай Иванович замолчал. Он вдруг понял, что тот ему не верит. Ведь там была – она, а он – прославленный хирург, и в глазах парня светилась беспредельная вера. И он вдруг поймал себя на том, что ему очень хочется пойти с этим молодым упрямцем, пойти, чтобы вновь чувствовать ответственность за чью-то жизнь...

Глядел он при этом мимо Серегина, и тот, теряя надежду, уже готов был закричать на хозяина. Но в этот момент Николай Иванович сказал:

— Дуй к Поприщенко, скажи, что Аксенов просит его прийти... Захватить все нужное для операции и прийти. Сестру пусть прихватит...

Хлопнула дверь; Николай Иванович стал быстро ходить по комнате, отыскивая нужные вещи. Наконец вернулся Серегин в сопровождении Поприщенко и студентки-практикантки.

Они вышли из поселка и стали подниматься на сопку. Время перевалило за полночь. В поселке гасли огни. Но звезды от мороза разгорались все ярче и начинали излучать синеватое сияние.

Подъем становился все круче и труднее. А Серегин шел очень быстро. Стараясь не отстать, Николай Иванович хотел было попросить, чтобы шли потише, но поскользнулся и упал. Серегин приподнял Николая Ивановича с земли и поставил на ноги.

— Давайте я вас понесу, доктор, – растерянно предложил он. – Быстрее будет. Мне ведь ничего это не стоит...

Несмотря на серьезность положения, все засмеялись. Эта невольная передышка помогла Николаю Ивановичу слегка отдышаться. Дальше ему пришлось идти, опираясь на Серегина.

Незаметно для себя Николай Иванович ускорил шаг. Мигавшие звезды, казалось, торопили, а снег под ногами насмешливо скрипел.

Он опять начинал задыхаться и знал: если не отдохнуть...

Едва он подумал об этом, потемнело в глазах, и очередной шаг он сделал через силу. Но очевидно, это усилие помогло, и вместо того, чтобы упасть, он продолжал идти, и даже дышать ему стало легче.

От засыпанного снегом домика метеостанции к ним метнулась большая черная собака...

Николай Иванович уже не сдерживал парня; наоборот, теперь он сам не мог подавить волнения. И во время осмотра лежавшей без сознания девушки и готовясь к операции. Но это было особое волнение. Оно исчезло, когда хирург почувствовал в руке скальпель: пальцы еще не утратили гибкости. Готовясь сделать разрез, он вдруг увидел Серегина. Их взгляды встретились.

Улыбнувшись глазами, хирург сказал:

— Иди и будь спокоен. Пройдет месяц и – можете играть свадьбу. Иди...

Часа через три в домике метеостанции наступила тишина. Даже Серегин, сидевший у больной, задремал. Но сам Николай Иванович, устроившийся в этой же комнате, на диванчике, никак не мог сомкнуть глаз. Сказалось напряжение последних часов: где-то возле сердца начинало ныть – первый признак близившегося приступа. Хирург покачал головой: ох, уж это сердце...

Он сунул руку в карман: в спешке он, кажется забыл флакончик, с которым никогда не расставался.

Медленно, стараясь успокоиться, хирург стал ощупывать один карман за другим, но с необыкновенной ясностью вдруг вспомнил, что видел флакончик на этажерке перед самым уходом, видел...

В следующую минуту он хотел кого-нибудь позвать, но понял, что уже никто и ничто ему не поможет. И сразу же он увидел ледяной купол, усеянный крупными и острыми звездами. Еще он успел подумать о том, что забыл, как называется лекарство.

Забыл... Забыл.

Потом перед ним сверкнул яркий огненный след. Сорвалась звездочка с тихим шелестящим звоном...

28. Почему Аксенов сначала послал молодого человека к другому хирургу?
A) Потому что Поприщенко жил рядом.
B) Потому что у него не было нужных хирургических инструментов.
C) Потому что Поприщенко был прославленным хирургом.
D) Потому что он сам уже давно не лечил больных.

29. Что забыл взять Николай Иванович отправляясь к больной?
A) Лекарство.
B) Флакончик духов.
C) Часы.
D) Хирургические инструменты.

30. Чем закончилась история?
A) Николай Иванович долго любовался яркими звездами.
B) Николай Иванович не смог спасти девушке жизнь.
C) Николай Иванович ушел из жизни.
D) Николай Иванович нашел ту вещь, которая ему была нужна.

综合知识 (Грамматика, Лексика и Стилистика, Литература, Страноведение, 30 мин.)

Прочитайте предложения. Выберите правильный вариант и отметьте соответствующую букву на матрице.

ГРАММАТИКА

31. Квартира у меня на 15-ом этаже, и окна выходят на юг, поэтому и в спальне, и в кабинете всегда много _____.

    A) солнца   B) солнце   C) солнц   D) солнцу

32. Оркестр заиграл марш, и все повернули _____ в сторону трибуны.
   A) головой   B) с головой   C) голову   D) головами

33. Вода озера _____ славится своей кристальной чистотой и прозрачностью.
   A) Байкала   B) Байкал   C) «Байкала»   D) «Байкал»

34. Перед нами стоит задача воспитать юношей с мужественным характером, безгранично _____ нашему делу.
   A) преданным   B) преданных   C) преданном   D) преданному

35. Эта задача совсем _____, но для второклассника она_____.
   A) легка, трудна   B) легкая, трудная   C) легкая, трудна   D) легка, трудная

36. Наступила весна, _____ снега начали показываться молодые всходы.
   A) из   B) из-за   C) с   D) из-под

37. Неизмеримая пропасть существует между созданием и простой копией _____ природы.
   A) с   B) у   C) от   D) из

38. _____ повышения цен на сырье повысились цены на продукцию предприятий.
   A) По случаю   B) По поводу   C) Ввиду   D) Вследствие

39. Приехал знаменитый театр, и мы, _____, пошли на первый же спектакль.
   A) вероятно   B) по-видимому   C) пожалуй   D) разумеется

40. Для политического ток-шоу эта тема представляется _____, как утверждает автор.
   A) не так актуальна   B) не такой актуальной
   C) не такая актуальная   D) не так актуальной

41. _____ я вовремя к врачу с легкой простудой, не пришлось бы пролежать неделю в больнице.
   A) Обращаюсь   B) Обратись   C) Обращался   D) Обратитесь

42. Помните, без сочетания теоретических знаний с практикой далеко не _____.
   A) уедешь   B) уедут   C) уходят   D) уходишь

43. Без твоей помощи мне не _____ бы на поезд.
   A) успеть   B) успевать   C) успело   D) успевало

44. Мы любим друг друга, но _____ не быть.
   A) свадьбы   B) на свадьбе   C) свадеб   D) свадьбе

45. Я работаю на шахте, да, работа, честно говоря, нелегкая, _____ платят ничего.
   A) и   B) или   C) а   D) зато

46. Из соседней комнаты раздается странный звук: _____ мыши бегают, ___ ветер бьется о форточку.
   A) не то..., не то...   B) то..., то...   C) ни..., ни...   D) и..., и...

47. Китай добился огромного прогресса за последнее десятилетие, _____ поразило весь мир.
   A) так что   B) как   C) чтобы   D) что

48. Потом Оля нарисовала желтым карандашом месяц, _____ видела вчера ночью.
   A) которым   B) каким   C) когда   D) если

49. _____ ему ни поручают, он всегда справляется со всем.
   A) Кто   B) Как   C) Что   D) Когда

50. При восприятии письменной речи иногда трудно решить, где проходят паузы, _____ они чаще всего не обозначаются специальными знаками.
   A) сколько ни   B) насколько   C) поскольку   D) сколько

51. Он не настолько болен, _____ не стоять на ногах.
   A) чтобы   B) что   C) как   D) когда

52. Не прошло и месяца, _____ брат получил назначение на работу.
   A) чтобы   B) что   C) как   D) когда

53. Повторяю: _____ ничего не понимаешь, _____ помолчи.
   A) или..., или   B) разве..., тогда   C) раз..., так   D) если бы..., то

54. Если в обществе любят артистов и относятся к ним иначе, _____, например, к купцам, то это в порядке вещей.
   A) чем   B) что   C) как   D) так

55. Мать всю ночь не спала, беспокоясь, _____ сын не проспал сегодняшний конкурс.
   A) что   B) как бы   C) как будто   D) так что

ЛЕКСИКА И СТИЛИСТИКА

56. Через два месяца после защиты диссертации ему была _____ степень доктора биологических наук.
   A) выдана   B) присвоена   C) удостоена   D) награждена

57. Ее педагогический опыт и исключительное умение _____ классом очень ценили все учителя города.
   A) владеть   B) водить   C) командовать   D) руководствоваться

58. В рассказе описываются простые _____ ситуации низших слоев общества.
   A) жизненные   B) жизнерадостные   C) жилищные   D) жилые

59. Очевидно, ему страстно хотелось поговорить, и он с трудом _____ это желание.
   A) задерживал   B) выдерживал   C) придерживал   D) сдерживал

60. Все коллеги восхищаются скромным _____ Бориса Васильева в новым коллективе.
   A) действием   B) поступком   C) поведением   D) движением

61. Пространство и время не существуют _____, а лишь в связи с определенными свойствами объектов.
   A) сам собой   B) сами по себе   C) сам не свой   D) сами себе

62. К нашей радости, Россия перестал _____ от остального мира.
   A) отставать   B) оставлять   C) оставаться   D) останавливаться

63. В последний момент игры наша команда _____ решающий гол и победила.
   A) пробила   B) забила   C) вбила   D) перебила

64. В последнее время все большее внимание западных архитекторов _____ Китай.
   A) увлекает   B) привлекает   C) уделяет   D) обращает

65. В нашей семье все привыкли к журналу «Нева»: мы _____ его каждый год.
   A) подписываем   B) записываем   C) выписываем   D) списываем

66. Благодаря своевременной помощи рана на руке охотника быстро _____ .
   A) зажила   B) пережила   C) выжила   D) ожила

67. Фразеологизм «одного поля ягода» употребляется в том случае, когда подчеркнуть _____ .
   A) одинаковый возраст двух людей
   B) внешнее сходство двух людей
   C) сходство двух людей по положительным качествам
   D) сходство двух людей по отрицательным качествам

68. Андрей приехал позже всех, поэтому с ним пришлось проводить _____ занятия.
   A) частные   B) персональные   C) индивидуальные   D) личные

69. Грош _____ цена, сынок! Ты на славе отцов пока держишься, а через годик-другой в калошу сядешь.

A) твой　　　　　B) с тебя　　　　　C) у тебя　　　　　D) тебе

70. — Не охота мне выходить на улицу в такую холодную погоду.
　　— Что ты, на улице _____ весна.

A) вполне　　　　B) совсем　　　　C) полностью　　　　D) совершенно

71. Мы очень торопились, _____ мы не смогли все закончить вовремя.

A) более или менее　　B) более того　　C) тем не менее　　D) тем более

72. Дети не могут долго сосредоточивать внимание _____ и часто отвлекаются.

A) на что-нибудь одно　　　　　　　B) в чем-нибудь одном
C) к чему-нибудь одному　　　　　　D) на чем-нибудь одном

73. Какая стилистическая фигура используется в высказывании «Богатый и в будни пирует, а бедный и в праздник горюет»?

A) Оксюморон.　　B) Сравнение　　C) Антитеза.　　D) Повтор.

74. К какому виду тропов относятся выражения "корабль пустыни", "город на Неве"?

A) Перифраза.　　B) Олицетворение.　　C) Метонимия.　　D) Метафора.

75. В _____ стиле реализуется языковая функция воздействия, с которой совмещается чисто информативная функция.

A) научном　　　　　　　　　　B) художественном
C) официально-деловом　　　　D) публицистическом

ЛИТЕРАТУРА

76. Кто из перечисленных литературных героев не относится к образам "лишнего человека"?

A) Печорин.　　B) Рудин.　　C) Обломов.　　D) Чичиков.

77. Великий русский критик В.Г. Белинский назвал _____ энциклопедией русской жизни.

A) роман в стихах «Евгений Онегин»　　B) комедию «Горе от ума»
C) роман «Мертвые души»　　　　　　　D) роман «Герой нашего времени»

78. Какое из следующих высказываний часто используется, когда говорят о Достоевском?

A) Основатель русской реалистической литературы.
B) Создатель сатирического жанра.
C) Мастер психологического реализма.
D) Основоположник романтизма.

79. Повесть завершение автобиографической трилогии А.М.Горького.
A) «Мои университеты» B) «В людях»
C) «Детство» D) «На дне»

80. С какой темой вошел в русскую литературу В.М. Шукшин?
A) С производственной темой. B) С деревенской темой.
C) С темой Великой Отечественной войны. D) С темой города.

СТРАНОВЕДЕНИЕ

81. В конце XIV– начале XV в. _____ создал свой шедевр – икону «Троицу», наполненную глубоким поэтическим и философским содержанием.
A) А. Рублев B) К.П. Брюллов C) И.Е. Репин D) В.И. Суриков

82. Великий русский композитор П.И. Чайковский написал три балета, это _____ .
A) «Пиковая дама», «Лебединое озеро» и «Медный всадник»
B) «Лебединое озеро», «Щелкунчик» и «Спящая красавица»
C) «Ромео и Джульетта», «Каменный цветок» и «Спящая красавица»
D) «Золушка», «Щелкунчик» и «Ромео и Джульетта»

83. Человека, который _____, принято называть «человеком в футляре».
A) не видит дальше своего носа B) не любит общаться с другими
C) боится всяких нововведений D) ведет себя высокомерно

84. Русский язык входит в семью славянских языков, в _____ группу.
A) восточнославянскую B) западнославянскую
C) южнославянскую D) старославянскую

85. У русских Рождество отмечается _____ .
A) 24-го декабря B) 25-го декабря C) 1-го января D) 7-го января

86. Первый президент России был избран в _____ году.
A) 1989-ом B) 1991-ом C) 1990-ом D) 1992-ом

87. Для выражения дружеских, ласковых чувств к другому человеку у русских принято _____.
A) целовать его в губы B) целовать его в плечо
C) целовать его в щеку D) целовать ему руку

88. Самые красивые самовары в старину делали мастера из _____ .
A) Москвы B) Суздаля C) Тулы D) Новгорода

89. В 1988 г. православные народы России отметили _____ принятия христианства.
A) 1000-летие B) 500-летие C) 800-летие D) 1500-летие

90. Повелением _____ был введен новый календарь, и в России стали считать годы от Рождества Христова, а месяцы с января.

A) Александра II   B) Екатерины II   C) В. Ленина   D) Петра I

翻译 (Перевод, 50 мин.) （参考译文见随书光盘）

Переведите выделенные предложения на китайский язык.

Счастье — это быть с природой, видеть ее, говорить с ней, — так писал более ста лет тому назад Лев Николаевич Толстой. ①Вот только природа во времена Толстого и даже гораздо позже, когда детьми были наши бабушки и дедушки, окружала людей совсем другая, чем та, среди которой мы живем сейчас. ②Реки тогда спокойно несли в моря и океаны свою прозрачную воду, леса стояли такие густые, что в их ветвях запутывались сказки, а в голубом небе ничто, кроме птичьих песен, не нарушало тишину.

А совсем недавно мы поняли, что всего этого — чистых рек и озер, дикого леса, нераспаханных степей, зверей и птиц — становится все меньше и меньше. ③Безумный XX век принес человечеству вместе с потоком открытий и множество проблем. Среди них очень и очень важная — охрана окружающей среды.

④Отдельным людям, занятым своей работой, трудно было заметить, как беднеет природа, как трудно было когда-то догадаться, что Земля круглая. Но те, кто постоянно связан с природой, люди, которые ее наблюдают и изучают ученые, писатели, работники заповедников, многие другие, а в последние годы и космонавты обнаружили, что природа нашей планеты быстро скудеет. И стали говорить, писать, снимать фильмы об этом, чтобы задумались и забеспокоились все люди на Земле.

_____
_____
_____
_____
_____

Переведите выделенные предложения на русский язык.

中国经济的快速发展已经十多年了。在这一发展中，通讯起了重要的作用。①1992年国内电话网的规模只占世界第十一位，而1999年已跨入世界的前列。电话网的总容量已超过1亿3千5百万个用户。②在中国，通讯已成为发展速度最快的行业。这是世界电子通讯史上前所未有的奇迹。

对比可使人们对今天通讯业的发展有更为深刻的了解。1980年，中国只有210万个电话用户，而今天的中国城乡已有1亿1千万电话。1985年前安装一部电话需要等上一年多的时间，而现在申请安装电话后就可以立刻得到号码。③80年代初在北京，如果您想打长途电话，大概需要等上整整一个小时，而且只有五分之一的接通率。

写作 **(Сочинение, 40 мин.)**
Тема: «Молодежь в XXI-ом веке» (не меньше 180 слов).
План сочинения:
1) XXI-й век в глазах молодежи;
2) Легко ли быть молодым в XXI-ом веке?

2007年全国高校俄语专业八级水平测试试卷

(试题答案见随书光盘)

口语表述 (Говорение, 10 мин.)

听录音 (听力音频、听力原文见随书光盘)

听力理解 (Аудирование, 20 мин.)

Прослушайте тексты и задания. Выберите правильный вариант и отметьте соответствующую букву на матрице.

听录音 (听力音频见随书光盘)

Текст 1

Задание 1.
A) Повышается зарплата бюджетников.
B) Увеличивается плата за жильё.
C) Снижается минимальный размер оплаты труда.
D) Повышается плата за медицинское обслуживание.

Задание 2.
A) 1000 рублей.   B) 1100 рублей.   C) 1111 рублей.   D) 1115 рублей.

Текст 2

Задание 3.
A) Международной книжной программы.
B) Петербургской книжной программы.
C) Российской издательской программы.
D) Национальной программы поддержки чтения.

Задание 4.
A) Беречь книги.   B) Покупать книги.   C) Время читать.   D) Время учиться.

Задание 5.
A) Потому что большинство россиян предпочитают чтение телевизору.
B) Потому что лишь небольшая часть россиян продолжает покупать книги.
C) Потому что на программу претендует Российский книжный союз.
D) Потому что программу предложил Академик Дмитрий Лихачев.

Текст 3

Задание 6.
A) Со дня распада СССР.   B) Со дня создания СССР.
C) Во время Октябрьской революции.   D) Во время Великой Отечественной войны.

Задание 7.

A) Дети должны быть хорошо воспитаны.

B) Женщина — хранительница семейного очага.

C) Надо отмечать не только мать, но и отца.

D) Надо охранять материнство и детство.

Текст 4

Задание 8.

A) Вопрос о создании комитета мира.   B) Вопрос о борьбе против терроризма.

C) Вопрос о назначении руководителя СБ. D) Вопрос о составе национального комитета.

Задание 9.

A) Не реже 1 раза в два месяца.   B) Не реже 2 раз в месяц.

C) Не реже 1 раза в три месяца.   D) Не реже 2 раз в три месяца.

Текст 5

Задание 10.

A) Аварии, в которых погибло не больше 5 человек.

B) Аварии, в которых погибло не меньше 5 человек.

C) Аварии с менее чем 5 пострадавшими.

D) Аварии с менее чем 10 пострадавшими.

Задание 11.

A) Запрещается водить машины с правым рулём.

B) Вводятся новые правила дорожного движения.

C) По-прежнему разрешается водить машины с правым рулём.

D) Ограничивается эксплуатация японских и американских автомобилей.

Текст 6

Задание 12.

A) Потому что прервалась связь.

B) Потому что спутник не работал.

C) Потому что старт был неудачным.

D) Потому что одна ступень ракеты не отделилась.

Задание 13.

A) В Тихий океан.   B) В Индийский океан.

C) В Северный Ледовитый океан.   D) В Североатлантический океан.

Текст 7

Задание 14.

A) В 12:00 часов по московскому времени.   B) В 13:00 часов по московскому времени.

C) В 17:00 часов по московскому времени.   D) В 19:00 часов по московскому времени.

Задание 15.
A) Команда Китая.
B) Команда России.
C) Команда Японии.
D) Команда Казахстана.

阅读理解 (Чтение, 30 мин.)

Прочитайте тексты и задания. Выберите правильный вариант и отметьте соответствующую букву на матрице.

Текст 1

Узнать, сколько наших соотечественников и современников являются бездомными — или, как их называют сотрудники правоохранительных органов, лицами без определенного места жительства, — очень трудно. Дело в том, что подавляющее большинство учреждений, обеспечивающих социальные блага граждан и ведущих учет населения, носят в нашей стране сугубо территориальный характер: домовое управление, районная поликлиника, районное отделение милиции. И сведений о бездомных ни в одном из этих учреждений, конечно же, не найдется.

По разным оценкам, сегодня в России от 1,5 до 4,2 млн. Бездомных — то есть до 3% наших соотечественников! Наибольшая концентрация бездомных наблюдается в больших городах, прежде всего в Москве (около 75 тысяч человек) и в Санкт-Петербурге (около 50 тысяч).

Что же вынудило сегодняшних бездомных оставить свои дома и обречь себя на скитания, голод, холод, болезни?

По разным оценкам, от трети до половины бездомных потеряли жилище в результате тюремного заключения. До середины 90-х годов действовал закон, согласно которому каждый осужденный больше чем на шесть месяцев автоматически выписывался с места жительства. В 1995 году закон был отменен, однако среди бездомных еще очень много тех, кто попал в тюрьму до этого времени и вместе со свободой потерял жилье.

Следом за тюремным заключением различные статистические отчеты называют в качестве причин бездомности «потерю жилья по разным причинам». Таких людей среди бездомных около 20%.

Еще одна большая группа среди бездомных — это те, кто оказался на улице в результате семейных проблем. Таких сейчас тоже около 20%. Часто у них обнаруживаются родственники: бывшая жена или муж, дети — но, помня старый конфликт, они напрочь отказываются принять бывшего члена семьи или хоть чем-нибудь помочь ему. Многие бездомные — около 17% — оказываются на улице в результате потери работы. Большая часть из них ранее жили в небольших провинциальных городах, где дефицит рабочих мест ощущается сильнее, чем в Москве или Санкт-Петербурге. Оказавшись не у дел, такие люди обычно отправляются на поиски работы. Часто поиски оканчиваются весьма плачевно. Есть и такие группы бездомных, к которым относится все большее количество людей. Самую, пожалуй, загадочную категорию статистические отчеты называют «личный выбор». Если в 1995 году личным выбором мотивировалось отсутствие жилья у 3% бездомных, то сегодня этот показатель составляет более 14%. То есть каждый седьмой бездомный обрекает себя на лишения добровольно! Во всяком случае, так это выглядит в их собственном представлении.

Для полноценной социальной реабилитации бездомных им необходимо предоставить возможность работать. Вот только возможна ли такая социальная реабилитация? Мне кажется, здесь уместно сравнение с алкоголизмом. Да-да, бездомность — это тяжелое заболевание.

Как и в случае с алкоголизмом, здесь происходит постепенное погружение на дно. Алкоголик поначалу говорит: «А что, я пью не больше, чем сосед. Нет, я не алкоголик». А вот человек оказался на улице. Сначала ему неуютно, что он не мылся день или два. Потом планка постепенно опускается. В какой-то момент, по нашим наблюдениям — от месяца до полугода, в человеке что-то переключается, и он принимает новую действительность. Если «поймать» его в этот первый момент, очень велика вероятность, что он вернется к нормальной жизни. Если нет, то чем дальше, тем труднее.

16. Почему трудно установить количество бездомных в России?
A) Никто в России не занимается учетом бездомных.
B) Учет населения носит сугубо территориальный характер.
C) Сотрудники правоохранительных органов не хотят называть цифру.
D) Домовые управления и милиции ведут себя безответственно.

17. Как изменился состав бездомных сегодня?
A) Сегодня преобладают лишившиеся жилья из-за потери работы.
B) Сегодня преобладают лишившиеся жилья из-за семейных проблем.
C) Увеличивается доля бездомных — бывших заключенных.
D) Увеличивается доля покидающих дом по личному выбору.

18. Какие меры предлагает автор, чтобы вернуть бездомных к нормальной жизни?
A) Как можно раньше предоставить бездомным жилье.
B) Как можно раньше отправить бездомных в милицию.
C) На ранней стадии избавить бездомных от привязанности к улице.
D) На ранней стадии избавить бездомных от привязанности к алкоголизму.

Текст 2

Ученые утверждают, что человечество стоит на пороге нового этапа интеллектуальной революции, которая будет происходить в ментальной сфере. Наиболее востребованными качествами станут интеллект и способность личности к творчеству. А что более всего способствует формированию этих качеств? Конечно, книги, причем разные: учебники, научно-популярные книги и, разумеется, художественные произведения. Последние, как известно, отвечают за эмоции, фантазию, а значит и за творчество.

В Российской государственной юношеской библиотеке провели небольшие социологические исследования того, что читают молодые люди. По данным исследований, читательские запросы молодежи стали разнообразней, сложней, пополнились новыми темами и авторами. Главный мотив посещения молодыми людьми библиотеки — деловой: выбор источников в помощь учебе, написание докладов, рефератов, дипломных работ. Значительно снизился объем чтения, что называется, «для души». Это как раз та самая художественная литература, связанная с увлечениями человека, с его ростом как личности. Но много запросов поступает на художественную литературу, раскрывающую различные аспекты жизни современного общества.

Довольно любопытную картину представили библиотекарям проходившие в нескольких регионах России в 2004 году выборы любимого литературного героя. В голосовании участвовали дети и юношество. В Бурятии, например, победу одержал Гарри Поттер. Читатели нашей библиотеки на первое место поставили булгаковского Воланда, второе и третье место досталось соответственно Маргарите и Евгению Онегину.

Из зарубежных классиков наибольшей популярностью у читателей пользуется У. Шекспир. И ничего удивительного: любитель поэзии зачитывается его сонетами; желающие тайн, мистики, острых ситуаций находят их в его трагедиях; а забавные и поучительные случаи шекспировских комедий скрашивают не всегда веселые будни.

Вот такая в общих чертах вырисовывается картина чтения молодежи. Но не будем забывать, что массу, как теперь модно говорить, текстов ежедневно предоставляет Интернет, выходит множество новинок печатной продукции. Все труднее ориентироваться в этом потоке, найти нужный источник, успеть прочитать, понять главную мысль, почувствовать своеобразие языка и авторского стиля. К сожалению, к этому готовы далеко не все читатели. Наступает растерянность, неуверенность в своих способностях к чтению и, как следствие, отказ от него.

Я позволю себе такое, может быть, вольное сравнение: если Интернет — это массовое производство, поток, конвейер информационной продукции, то библиотека — индивидуальная мастерская, место, где каждый получает возможность максимально использовать шанс встретиться со «своей книгой».

19. Какова главная цель посещения молодыми людьми библиотеки?
A) Поиск книг «для души».
B) Поиск нужных им материалов для учебы.
C) Знакомство с произведениями молодых авторов.
D) Знакомство с произведениями зарубежных классиков.

20. Какую мысль высказывает автор статьи?
A) Не надо пользоваться Интернетом.
B) Молодежи легко ориентироваться в Интернете.
C) В Интернете найдешь все, что ищешь.
D) В Интернете мало шансов встретиться со «своей книгой».

Текст 3

Долгое время темпы урбанизации （城市化） в Китае отставали от темпов индустриализации. Доля городского населения в общей численности населения страны значительно уступала доле промышленности в ВВП. Низкий уровень урбанизации предопределял слабую развитость сектора услуг. Ощутимое сокращение абсолютной и относительной численности сельского населения наметилось лишь с середины 90-х годов прошлого столетия.

Формально, по официальным данным, в 660 китайских городах и 19811 поселках в 2002 г. проживало 39,1% всего населения. Однако границы городских территорий определяются в Китае чисто административно, без учета хозяйственных занятий и образа жизни жителей. В результате в них живет большое число людей, занятых полностью или частично в сельском хозяйстве. Об этом свидетельствует то обстоятельство, что доля несельскохозяйственного населения в целом не превышает 27%. Значительная часть крестьян, даже будучи занятыми в неаграрных секторах, не порывает полностью связи с землей, деревней, и в любой момент может вернуться к сельскохозяйственной деятельности. Некоторые китайские специалисты полагают, что фактически к горожанам по образу жизни и роду занятий можно отнести не более 20% населения страны.

А по оценке Мирового банка, в 2000 г. среднемировой показатель урбанизации составлял 47%.

Дальнейшая урбанизация может еще более обострить экологические проблемы и характерную для многих развивающихся стран «болезнь больших городов». Уже сегодня из 600 имеющихся в Китае городов более 300 испытывают недостаток воды, во многих городах водные бассейны загрязнены.

Именно в крупных и крупнейших городах и в центрах административных единиц первого порядка — провинций и автономных районов, где имеется полный набор экономических, образовательных, социальных институтов, где развит сектор услуг, может формироваться средний класс, который станет основой устойчивого социально-экономического развития страны и социально-политической стабильности. Появление мощного среднего класса может способствовать дальнейшему продвижению Китая по пути реформ — рыночных, социальных и политических. Расширение социальной базы реформ особенно необходимо.

Глобализация китайской экономики и особенно вступление Китая в ВТО дополнительно стимулируют и ускоряют модернизацию социальной структуры Китая. Без такой модернизации Китай не сможет на равных конкурировать с развитыми странами.

21. К чему приводит низкий уровень урбанизации?
A) К ускорению развития промышленности.
B) К ускорению развития индустриализации.
C) К замедлению развития сектора услуг.
D) К замедлению развития сельского хозяйства.

22. Какое из следующих высказываний соответствует действительности?
A) Уровень урбанизации в Китае намного ниже среднемирового.
B) Уровень урбанизации в Китае намного выше среднемирового.
C) Уровень урбанизации в Китае не намного выше среднемирового.
D) Уровень урбанизации в Китае приблизительно равен среднемировому.

23. За счет чего можно обеспечить социально-политическую стабильность в Китае?
A) За счет высокого уровня урбанизации.
B) За счет наличия мощного среднего класса.
C) За счет ускорения темпов индустриализации.
D) За счет глобализации китайской экономики.

Текст 4

Литературоведение — одна из двух филологических наук — наука о литературе. Другая филологическая наука — наука о языке — это языкознание, или лингвистика. У этих наук есть много общего: и литературоведение, и лингвистика изучают словесное творчество, т.е. словесность. Поэтому они развивались в тесной связи друг с другом под общим названием «филология», что означает в переводе с древнегреческого «любовь к слову».

Литературоведение и лингвистика — различные науки, так как они ставят перед собой разные познавательные задачи. Лингвистика изучает разнообразные проявления словесной деятельности людей, анализирует особенности развития тех языков, на которых говорят и пишут народы мира. Литературоведение изучает художественную литературу для того, чтобы понять ее особенности и пути развития. Литературоведение и лингвистика имеют разный предмет и различные задачи. Поэтому эти науки пользуются своими собственными принципами при собирании, сравнении и классификации материала, используют разные методы изучения.

Но имея разный предмет и различные задачи своего изучения, литературоведение и лингвистика постоянно взаимодействуют между собой и помогают друг другу. Так, художественная литература служит важным материалом для лингвистических исследований и выводов о структуре и особенностях языков. И литературоведение может многое дать лингвистике для понимания этих особенностей. В то же время при изучении литературы необходима помощь лингвистики. Литературные языки развиваются, в них происходят изменения лексического состава и грамматического строя: одни слова устаревают и больше не употребляются, другие получают новое значение, появляются новые слова и фразеологизмы, по-новому используются синтаксические конструкции и т.д. Кроме того, в своих произведениях писатели нередко используют в речи действующих лиц диалектизмы, лексически или грамматически отличающиеся от слов литературного языка того же народа. Поэтому литературоведческое изучение художественных произведений должно учитывать данные лингвистики и опираться на лингвистические исследования. Иначе литературоведы могут сделать серьезные ошибки в понимании и оценке произведений.

Таким образом, задачи и методы изучения художественной словесности в литературоведении и лингвистике совершенно различны. Лингвистика изучает в произведениях литературы лексические, фонетические, грамматические особенности тех языков, на которых эти произведения написаны. Литературоведение изучает произведения художественной словесности как произведения искусства, учитывая и их языковую сторону. Литературовед рассматривает все особенности произведения с эстетической точки зрения.

Итак, литературоведение и лингвистика входят в филологию, но у каждой науки свой предмет, свои собственные задачи и методы изучения.

24. Литературоведение и лингвистика _____.
A) имеют общий предмет изучения
B) имеют собственный предмет изучения
C) изучают различные аспекты языка
D) изучают одни и те же аспекты языка

25. Литературоведческий анализ, не опирающийся на лингвистические исследования _____.
A) оказывает отрицательное влияние на развитие лингвистики
B) противоречит основной задаче литературоведения
C) говорит о недостаточной научной подготовке исследователя
D) может привести к неправильному пониманию произведения

26. Художественная литература служит материалом для лингвистических исследований, поэтому _____.
A) лингвистика является частью литературоведения
B) литературоведение является частью лингвистики
C) лингвистика основывается на литературоведении
D) литературоведение тесно связано с лингвистикой

Текст 5

По весне обычно, пока одна часть населения страны, гордясь своими подтянутыми фигурами, изучает весенне-летние коллекции одежды, другая исследует объявления о «быстром» и «долговременном» похудении. Ведь скоро придется скидывать пальто и куртки! Производители биодобавок, организаторы сеансов очищения, хозяева шейпинговых (塑身的) и тренажерных залов потирают руки. Канун лета — это их время. А чем же это время оборачивается для воюющих с лишними килограммами?

Сразу скажем о краткосрочных (1-3 недели) диетах. Эпизодическое и, как правило, очень жесткое ограничение в питании и эффект имеет кратковременный. У 95 человек из 100 сброшенные килограммы вернутся рикошетом через 4-6 месяцев, да еще и «товарищей» с собой приведут. Объясняется это просто: механизм выживания запрограммирован у нас на генетическом уровне. Наш организм при резком снижении поступления калорий с пищей переходит в режим экономии. И если после суровой диеты снова начать есть, как раньше, то все эти калории начинают утилизироваться в подкожное сало — про запас на черный день. Причем в количествах больших, чем прежде.

Рассказывает Ирина:

— Решила я худеть. Записалась ради этого в спортивный клуб. Денег заплатила немало, так что это был еще один веский повод не бездельничать. Честно ходила на занятия четыре раза в неделю. Скакала в зале на занятиях по шейпингу до седьмого пота. За месяц скинула 3 килограмма и была почти счастлива. Но еще через три месяца, встав на весы, обнаружила, что мои килограммы вернулись. Стала заниматься еще упорнее, вместо часа — по полтора. Но когда через полгода я поняла, что не только не похудела, но и не влезаю даже в те джинсы, в которых первый раз пришла на занятия, у меня просто руки опустились. А еще говорят, от физкультуры худеют...

Рассказывает Олег:

— Не знаю, пал ли я жертвой рекламы или нашел подходящее для себя средство, но, проведя неделю на курсах очищения кишечника и печени, чувствую себя вполне прилично. При этом за неделю я потерял 2,5 килограмма, а в следующую — еще 2. Поначалу все показалось суровым: отказ от соленого и сахара, мяса, хлеба, макарон всяких. В основном — фрукты, зелень, мед, зеленый чай. Каждый день клизмы, прогулки, сауна, физкультура, бассейн. Так что после целого дня голодания наутро тарелка соленых сухариков показалась бифштексом. Все разговоры сводились к тому, кто успел добежать до туалета, а кто... Но справился, и даже еда по ночам перестала сниться. Напоследок нам долго объясняли, что можно есть в течение месяца, а чего нельзя. И закончили тем, что процедуру нужно повторять раз в три месяца, иначе можно опять набрать вес. Месяц прошел. Пока держусь.

27. Для кого весна представляет собой удачное время?
A) Для полных девушек, которые скидывают пальто и куртки.
B) Для толстых людей, которые борются с лишним весом.
C) Для бизнесменов, которые готовы заработать на худеющих.
D) Для посетителей тренажерных залов и выставок моды.

28. Что означает слово «товарищи» в предложении «да еще "товарищей" приведут»?
A) Родные.   B) Лучшие друзья.
C) Лишние килограммы.   D) Сопутствующие заболевания.

29. Что хочет показать Ирина на своем примере?
A) Окончательно похудеть практически невозможно.
B) Физкультура — хороший способ похудения.
C) Не стоит обращать внимание на лишний вес.
D) Надо заниматься физкультурой в день не час или полтора, а больше.

30. Что входит в меню Олега в течение курса похудения?
A) Фрукты, мед, сухарики.   B) Мед, чай, мясо.
C) Зелень, фрукты, макароны.   D) Овощи, зеленый чай, бифштекс.

综合知识 (Грамматика, Лексика и Стилистика, Литература, Страноведение, 30 мин.)

Прочитайте предложения. Выберите правильный вариант и отметьте соответствующую букву на матрице.

ГРАММАТИКА

31. Какой бы большой опыт ты ни накопил в работе, никогда не думай, что тебе больше _____ учиться.
    A) нечего   B) нечему   C) ничего   D) ничему

32. За пять лет количество продуктов увеличилось больше _____.
    A) на 40%   B) чем 40%   C) 40%   D) чем на 40%

33. Профессор стал задавать вопросы, _____, насколько хорошо усвоен материал.
    A) определив   B) определяя   C) определен   D) определяющий

34. Жизнь у нас такая интересная, _____ ты не соскучишься.
    A) что   B) чтобы   C) какая   D) как

35. Если ученый гонится за званиями и степенями, он рискует убежать _____ своей специальности.
    A) с   B) у   C) от   D) по

36. _____ россиян считает, что только в больших городах можно получить хорошее образование.
    A) Каждый из пяти   B) Пятый процент   C) Каждый пятый   D) Каждые пять

37. В Сибири болота, _____ нет конца и края.
    A) которая   B) которой   C) которые   D) которым

38. Отставание в умственном развитии _____ разными причинами.
    A) может вызвать   B) может быть вызвано
    C) вызванное   D) быть вызвано

39. Заводу нужны работники не _____ 30 лет.
A) старее	B) старше	C) старшие	D) более старый

40. Я не поняла, как попала к нему _____ моя записка.
A) в руки	B) в руках	C) на руках	D) на руки

41. Ангара вытекает из Байкала и _____ свои неспокойные воды в могучий Енисей.
A) приносит	B) принесет	C) носит	D) несет

42. Сегодня у русского флага иное значение, _____ было в начале XIX века.
A) как	B) каким	C) чем	B) чтобы

43. Достоевский часто работал ночами и писал _____ страниц в сутки.
A) по пятьдесят	B) про пятьдесят	C) в пятьдесят	D) на пятьдесят

44. Россия занимает территорию в 17 млн кв. км., _____ вдвое больше США.
A) что	B) как	C) чем	D) которая

45. Человечество постоянно прибавляет в росте, примерно _____ 1 – 2 сантиметра в столетие.
A) от	B) с	C) в	D) на

46. _____ своих технических возможностей компьютер представляется наиболее подходящим средством обучения.
A) В силу	B) В итоге	C) В качестве	D) В зависимости

47. Книги, _____ «Детской литературой», пользуются популярностью и у взрослых читателей.
A) издающие	B) издававшие	C) издаваемые	D) издавая

48. Здесь темно, надо идти осторожно, _____ можно упасть.
A) и то	B) а то	C) на то	D) за то

49. Шторм бушует уже второй день, огромными волнами _____ о борта корабля.
A) ударяется	B) ударяют	C) ударяются	D) ударяет

50. Мы почему-то мало болели в войну — _____ молоды были, _____ берегло напряжение организма.
A) хотя..., но	B) то ли..., то ли	C) ни..., ни	D) то..., то

51. _____ было в комнате людей, слепой ребенок всегда направлялся безошибочно в ту сторону, где сидела его мама.
A) Много	B) Сколько бы ни
C) Достаточно	D) Несмотря на то

52. _____ я дома в то время, беда не обрушилась бы на мою голову.
   A) Сидел   B) Сидеть   C) Сиди   D) Сидя

53. Настя, вместо того, _____ устроить скандал, тихо ушла к себе в комнату.
   A) как   B) что   C) чем   D) чтобы

54. Все эти слухи очень скоро затихли, _____ много способствовали обстоятельства.
   A) что   B) о чем   C) чему   D) чем

55. Аню сильно укачивало. Не успела машина проехать и пяти километров, как _____ уже вырвало.
   A) ее   B) ей   C) у нее   D) с нее

ЛЕКСИКА И СТИЛИСТИКА

56. Политика и хозяйство взаимосвязаны, их нельзя _____ друг от друга.
   A) выделять   B) разделять   C) отделять   D) уделять

57. Костя _____ все бумаги, но не нашел ему нужную.
   A) перевернул   B) развернул   C) свернул   D) повернул

58. Представитель завода-поставщика _____ нас, что первая партия товаров будет отгружена не позже, чем к концу года.
   A) доверил   B) проверил   C) поверил   D) уверил

59. Человек должен _____ себе отчет во всех своих поступках.
   A) задавать   B) подавать   C) отдавать   D) сдавать

60. Видно, мальчик относится к музыке без _____ интереса.
   A) любого   B) всякого   C) какого   D) всяческого

61. В городе впервые _____ хакера, который не раз похищал информацию.
   A) посудили   B) осудили   C) обсудили   D) рассудили

62. «Плох тот солдат, который не мечтает стать генералом» — эта старая истина всегда по душе _____.
   A) Андрея Иванова   B) Андрею Иванову   C) Андрей Иванов   D) Андреем Ивановым

63. Желающие принять участие в конкурсе должны подать заявление _____ директора.
   A) под именем   B) с именем   C) на имя   D) во имя

64. Пьер не мог _____ женских слез и сам готов был заплакать.
   A) переносить   B) выносить   C) переживать D) выдерживать

65. По узкой извилистой дороге тянется _____ поток машин.
   A) бескрайний   B) безграничный   C) беспредельный   D) бесконечный

66. Я земной шар чуть не весь _____, и жизнь хороша, и жить хорошо...
   A) пришел   B) перешел   C) зашел   D) обошел

67. Трудно _____ значение средств информации и коммуникации в жизни современного человека.
   A) преувеличить   B) повысить   C) размножить   D) умножить

68. Климат России _____ континентальный, с холодной зимой и мягким и теплым летом.
   A) в общих чертах   B) в основном   C) чаще всего   D) больше всего

69. Работа большая: собрание сочинений _____ двенадцать томов.
   A) состоит   B) состоится   C) составляет   D) сохраняет

70. Китайское правительство _____ большое значение развитию традиционной дружбы с Россией.
   A) выдает   B) подает   C) отдает   D) придает

71. Я пришел к _____, что вы совершенно правы.
   A) исключению   B) включению   C) заключению   D) приключению

72. Родители махали Мише рукой до тех пор, пока поезд не исчез _____.
   A) от вида   B) по виду   C) в виду   D) из виду

73. Все они _____ стали специалистами с высшим образованием.
   A) со времени   B) со временем   C) время от времени   D) по времени

74. В пословице «Слово не воробей, вылетит — не поймаешь» используется стилистический прием _____.
   A) сравнение   B) метафора   C) олицетворение   D) перифраза

75. Предложение «Все, кто имел счастье с ним встречаться, сотрудничать, не могли не испытать обаяние этого прекрасного человека, красивого и внешне, и нравственно, и духовно» можно отнести к _____ стилю.
   A) официально-деловому   B) научному
   C) публицистическому   D) разговорному

ЛИТЕРАТУРА

76. Самоусовершенствование и непротивление злу насилием — это суть Учения _____.
   A) Ф.М. Достоевского   B) Л.Н. Толстого
   C) Н.А. Островского   D) Н.В. Гоголя

77. _____ относится к писателям «Серебряного века».
   A) А.Т. Твардовский   B) М.А. Шолохов   C) С.А. Есенин   D) В.Г. Распутин

78. В.Г. Белинский называет _____ основателем русского критического реализма, так называемой «натуральной школы».
　　A) И.А. Крылова　　B) А.С. Грибоедова　　C) А.С. Пушкина　　D) Н.В. Гоголя

79. Перу Ф.М. Достоевского принадлежат произведения _____.
　　A) «Рудин», «Дворянское гнездо», «Отцы и дети»
　　B) «Бедные люди», «Братья Карамазовы», «Преступление и наказание»
　　C) «Дворянское гнездо», «Преступление и наказание», «Бедные люди»
　　D) «Отцы и дети», «Братья Карамазовы», «Рудин»

80. В рассказе «Смерть чиновника» А.П. Чехов высмеивает _____.
　　A) рабскую душу и психологию
　　B) беспринципность мелкого чиновника
　　C) бесправное положение маленького человека
　　D) оскорбление сильным слабого

СТРАНОВЕДЕНИЕ

81. По переписи в 2003 г. население России составляет _____ человек.
　　A) 14, 5 млн.　　B) 18, 5 млн.　　C) 145 млн.　　D) 185 млн.

82. Нынешний министр иностранных дел РФ — это _____.
　　A) Андрей Козырев　　B) Игорь Иванов　　C) Евгений Примаков　　D) Сергей Лавров

83. Шанхайская организация сотрудничества была создана в _____ году.
　　A) 2000　　B) 2001　　C) 2002　　D) 2003

84. В 2005 году Китай являлся _____ по объему торговым партнером России.
　　A) вторым　　B) третьим　　C) четвертым　　D) пятым

85. Объем торговли между Китаем и Россией в 2006 г. составил приблизительно _____ американских долларов.
　　A) 20 млрд.　　B) 30 млрд.　　C) 200 млрд.　　D) 300 млрд.

86. Мариинский театр оперы и балета находится в _____.
　　A) Москве　　B) Киеве　　C) Санкт-Петербурге　　D) Екатеринбурге

87. _____ является одной из главных достопримечательностей Санкт-Петербурга.
　　A) Храм Василия Блаженного　　　　B) Храм Христа Спасителя
　　C) Исаакиевский собор　　　　D) Успенский собор

88. Фильм _____ посвящен теме Великой Отечественной войны.
　　A) «Вокзал для двоих»　　　　B) «Летят журавли»
　　C) «Ирония судьбы»　　　　D) «Броненосец Потемкин»

89. Русская пословица гласит: «_____ бояться, в лес не ходить».
   A) Тигров   B) Медведей   C) Львов   D) Волков

90. Для выражения недоумения у русских принято _____.
   A) пожимать плечами   B) махать рукой
   C) сводить брови   D) качать головой

翻译 (Перевод, 50 мин.) （参考译文见随书光盘）

Переведите выделенные предложения на китайский язык.

①**Многие русские слова сами по себе излучают поэзию, подобно тому, как драгоценные камни излучают таинственный блеск.**

Я понимаю, конечно, что ничего таинственного в их блеске нет и что любой физик легко объяснит это явление законами оптики.

Но все же блеск камней вызывает ощущение таинственности. ②**Трудно примириться с мыслью,, что внутри камня, откуда льются сияющие луни, нет собственного источника света.**

Это относится ко многим камням, даже к такому скромному, как аквамарин(海蓝石). Цвет его нельзя точно определить. Для него еще не нашли подходящего слова.

Аквамарин считается по своему имени камнем, передающим цвет морской волны. Это не совсем так. В прозрачной его глубине есть оттенки мягкого зеленоватого цвета и бледной синевы.③**Но все своеобразие аквамарина заключается в том, что он ярко освещен ИЗНУТРИ совершенно серебряным огнем.**

Кажется, что если вглядеться в аквамарин, то увидишь тихое море с водой цвета звезд.

④**Очевидно, эти цветовые и световые особенности аквамарина и других драгоценных камней и вызывают у нас ЧУВСТВО таинственности. Их красота нам все же кажется необъяснимой.**

⑤**Сравнительно легко объяснить происхождение «поэтического излучения» многих русских слов.** Очевидно, слово кажется нам поэтическим в том случае, когда оно передает понятие, наполненное для нас поэтическим содержанием.

Переведите выделенные предложения на русский язык.

①中国人民银行成立于1948年12月1日，在华北银行、北海银行、西北农民银行的基础上合并而成。1993年9月，②国务院决定中国人民银行专门行使国家中央银行职能。1995年3月18日，③

第八届全国人民代表大会第三次会议通过了《中华人民共和国中国人民银行法》，④至此，中国人民银行作为中央银行以法律形式被确定下来。

写作 (Сочинение, 40 мин.)

Напишите сочинение (не меньше 180 слов).

Многие студенты, оканчивая университет, жалуются на то, что трудно найти себе работу. В то же время другие девушки и юноши без особого труда устраиваются на работу. Изложите вашу точку зрения на это явление. В сочинении необходимо указать три фактора, влияющих на трудоустройство.

2009年全国高校俄语专业八级水平测试试卷

(试题答案见随书光盘)

口语表述 (Говорение, 10 мин.)

<u>听录音</u> (听力音频、听力原文见随书光盘)

听力理解 (Аудирование, 20 мин.)

Прослушайте тексты и задания. Выберите правильный вариант и отметьте соответствующую букву на матрице.

<u>听录音</u>(听力音频见随书光盘)

Текст 1

Задание 1.
A) Открывается форум по борьбе с потеплением климата.
B) Открывается форум по борьбе с терроризмом.
C) Состоится встреча лидеров стран ЕС.
D) Состоится встреча министров стран ЕС.

Задание 2.
A) Смягчить обязательства по борьбе с изменением климата.
B) Выделить больше средств на охрану окружающей среды.
C) Усилить сотрудничество стран ЕС в борьбе с терроризмом.
D) Поддержать экономику стран ЕС.

Текст 2

Задание 3.
A) Бразилия имеет большой запас угля.
B) Бразилия имеет большой запас нефти.
C) Бразилия имеет большой запас газа.
D) Бразилия имеет большой запас урана.

Задание 4.
A) 10 млрд. долларов.   B) 5 млрд. долларов.
C) 10 млн. долларов.   D) 5 млн. долларов.

Текст 3

Задание 5.
A) Вопрос об увеличении количества сельских школ.
B) Вопрос о развитии среднего образования.
C) Вопрос о подготовке сельских учителей.
D) Вопрос о развитии науки и технологий.

Задание 6.
A) В стране катастрофически не хватает средних школ.
B) В школах не хватает квалифицированных кадров.
C) В капитальном ремонте нуждается две третьих сельских школ.
D) В аварийном состоянии находится большая часть зданий школ.

Текст 4

Задание 7.
A) С образованием СНГ.   B) С событием в 2002 году.
C) С объявлением о суверенитете страны.   D) С принятием Декларации прав человека.

Задание 8.
A) Митинг на Красной площади.   B) Народное гулянье по улицам столицы.
C) Концерт в Кремле.   D) Вручение Госпремии.

Текст 5

Задание 9.
A) К отказу от курения хотя бы на один день.
B) К запрещению курения в общественных местах.
C) К ограничению реклам табака.
D) К повышению цен на табак.

Задание 10.
A) На миллион за счет юношей и девушек.
B) На миллион за счет женщин и подростков.
C) На 500 тысяч за счет юношей и девушек.
D) На 500 тысяч за счет женщин и подростков.

Задание 11.
A) Литва, Швеция, Россия, США.   B) Литва, Швейцария, Россия, США.
C) Эстония, Швейцария, Россия, США.   D) Латвия, Украина, Россия, США.

Текст 6

Задание 12.
A) Всероссийский конкурс «Мисс Конституция».
B) Раздачу брошюр и аудиодисков.
C) Митинг на Пушкинской площади.
D) Консультации по Конституции.

Задание 13.
A) Девушка, показавшая глубокое знание Конституции.
B) Девушка, организовавшая сегодняшнее мероприятие.
C) Девушка-активистка молодежного движения «Наши».
D) Девушка-организатор от партии «Единая Россия».

Текст 7

Задание 14.
A) Встреча Сараскиной с читателями.
B) Объявление имен 10 лучших авторов.
C) Подведение итогов голосования по Интернету.
D) Награждение лауреатов литературной премии.

Задание 15.
A) Биографию Александра Солженицына.   B) Биографию Федора Достоевского.
C) Биографию Веры Назаровой   D) Биографию Андрея Битова.

阅读理解 (Чтение, 30 мин.)

Прочитайте тексты и задания. Выберите правильный вариант и отметьте соответствующую букву на матрице.

Текст 1

Москвичи любят проводить время на свежем воздухе в парках и на бульварах. Действительно, что может быть лучше, чем после работы или в выходной день устроиться где-нибудь на скамейке под теплыми солнечными лучами? Жаль только, что на поиски той самой подходящей скамейки придется потратить немало времени.

В выходные дни я решил пройти по центральным бульвдрам города. Подавляющее большинство скамеек грязное. Есть, конечно, люди, которые очищали скамейки газеткой, чтобы посидеть. Вот только потом, уходя, никто убрать ее не потрудился. А уж о том, что творится вокруг — как вырастают настоящие мусорные горки, — говорить не хочется. И такая ситуация на Тверском, Чистопрудном, Гоголевском и других бульварах. Исключением стал, пожалуй, Сретенский — один из самых чистых и интеллигентных. Здесь мусора значительно меньше. Объясняется это легко: поблизости не так много магазинов, где можно было бы купить, например, пиво и потом посидеть шумной компанией. Даже в конце рабочего дня здесь не так много народу. В основном студенты, мамы с детьми.

Одной из причин столь грубого отношения к скамейкам можно назвать и тот факт, что активность бабушек, которые несколько лет назад пугали молодежь одним только своим видом, заметно снизилась. Устали они бороться за чистоту, а вместо них, судя по всему, делать это некому. А ведь могли бы, например, милиционеры штрафовать людей за «посадку с ногами». Однако их в основном волнует другое.

Кстати, было бы несправедливо предъявлять осуждение только москвичам. Например, вряд ли их можно винить в том, что, «а самых: популярны улицах города — Новом и Старом Арбате скамеек нет вробще! Как нам рассказали в управлении района «Арбат», на вышеуказанных улицах установка скамеек не предусмотрена, потому что в ночное время здесь проводит работы по санитарной очистке территории с применением техники, а скамейки этому только мешают. Довольно странная, аргументация. Например, Камергерский переулок вряд ли намного больше, чем пешеходная улица Старый Арбат. Однако это не помешало установить там скамейки на расстоянии вытянутой руки. Что касается ухода, то красят скамейка в Москве каждый апрель или по мере необходимости. Чинят также, если понадобится. А бывает, что приходится и новые устанавливать. Любят москвичи их на дачу к себе отвезти, что ли?

Да, далеко нам до Европы. Например, в столице Шотландии почти каждая скамейка находится под крышей, чтобы местным жителям и под дождем было удобно отдыхать. Дожди скоро придут и в Москву. Но любоваться ими мы сможем только из окна. Потому что на скамейках в это время будут только пожелтевшие листья, смешанные с грязными следами от обуви.

16. Почему Сретенский чище других бульваров?
A) Поблизости живут интеллигентные люди.
B) Здесь в основном гуляют студенты и матери с детьми.
C) Здесь постоянно убирают мусор.
D) Поблизости мало магазинов.

17. Почему скамейки стали грязнее?
A) Мальчики перестали бояться бабушек.
B) Бабушки больше не проявляют активность.
C) Милиционеров не хватает.
D) Мало штрафуют людей за посадку с ногами.

18. Как понимать фразу: «далеко нам до Европы»?
A) Россия отстает от Европы во многом.
B) Климат в Москве иной, чем в столицах других европейских стран.
C) Россия оставила Европу далеко позади.
D) Москва находится далеко от европейских столиц.

Текст 2

Ваш отпуск закончился всего две недели назад, а вы уже как выжатый лимон. Значит, вы просто неправильно отдыхали.

Вряд ли какой работодатель будет рад вечно усталому и хмурому сотруднику. Поэтому умение отдыхать считается сегодня признаком профессионализма.

Самые неумелые отпускники — топ-менеджеры. Финансовый директор крупной компании Сергей не выбирался в отпуск два года. Этим летом улетел на недельку в Испанию. На пляж ходил с ноутбуком, за обедом и ужином обсуждал проценты и кредиты с коллегой по цеху и каждый час звонил в Москву с ценными указаниями. Вернулся из отпуска и... попал в больницу.

Что произошло? Уехав за тысячи километров от родного города, голову Сергей «оставил» в офисе. Постоянное чувство тревоги за то, что происходит в его отсутствие, вызвало бессонницу, резко подскочило давление.

Как можно было этого избежать? Правильно организовав отдых — говорят психологи, — отключите мобильный. Возможно, поначалу это вызовет некий дискомфорт, так как вы слишком зависимы от этого средства общения. Чтобы смягчить переходный период, готовьтесь к этому событию. Еще до отпуска, выключайте телефон на несколько часов, а потом и на целый день в выходные. Если сеансы связи с внешним миром все же необходимы, установите для них строго определенное время.

Придумайте такой вид отдыха, который бы эмоционально захватил вас и отдыхайте так, как любите вы, а не по самому модному варианту. Если вы отлично расслабляетесь с удочкой на берегу тихой речки в родной деревне под Ярославлем, а пляжный отдых и вечеринки на дух не переносите, зачем вам зарубежное море и бар?

«Четких рекомендаций, сколько раз в год нужно, брать отпуск, нет. Все очень индивидуально,

— говорит психолог Владислав Можайский, — Кто-то отлично расслабляется, отдыхая 3 — 4 недели раз в год, а тем, кто не умеет забывать о рабочих проблемах и пять раз мало. В последнее время все больше и больше людей отдыхают два раза в год, летом и зимой. Наверное, это наиболее оптимальный вариант. При этом не нужно забывать, что уметь расслабляться нужно не только на отдыхе или на выходных, но и в разгар рабочего дня».

Владелец крупной торговой фирмы Александр работает по 14 часов в сутки. Но в этом бешеном ритме — два перерыва в день для нег святое. «Около полудня я обедаю, — говорит бизнесмен, — а в пять ухожу в чайную, расположенную недалеко от офиса. За час неспешной чайной церемонии голова проясняется и я готов к новым трудовым подвигам».

19. Почему Сергей лег в больницу после отпуска?
A) Он неправильно выбрал место отдыха.
B) Он напряженно работал до отпуска,
C) Ему постоянно давали указания.
D) В отпуске он много работал и переживал из-за работы.

20. Как, по мнению психологов, можно хорошо отдохнуть?
A) Не брать мобильник в отпуск и не связываться ни с кем.
B) Лучше отдыхать на берегу тихой речки в родной деревне.
C) Выбрать вид отдыха по душе.
D) Остановиться на самом модном варианте отдыха.

21. О чем говорит пример Александра?
A) Надо уметь расслабляться и в рабочий день.
B) Чай хорошо помогает расслабиться.
C) Отдыхать 3 — 4 раза в день — оптимальный вариант.
D) Обед необходим для расслабления.

Текст 3

Во всем мире празднование Дня матери имеет давнюю историю. По некоторым источникам, традиция отмечать этот праздник берет начало еще в обрядах древнего Рима, предназначенных для почитания Великой Матери — богини, матери всех богов. Известно также, что в Англии в XV веке отмечалось так называемое «Материнское воскресенье» — четвертое воскресенье Великого поста, посвященное матерям всей страны, но со временем этот праздник приобрел лишь церковное значение.

Традиция ежегодного и общенародного праздника — Дня матери — зародилась в США. В 1908 году молодая американка Анна Джервис из Филадельфии выступила с инициативой чествования матерей в память о своей преждевременно скончавшейся матери. Анна писала письма в законодательные органы страны с предложением один день в году посвятить чествованию матерей. Ее старания увенчались успехом — в 1910 году штат Вирджиния первым признал День матери официальным праздником, а с 1914 года этот праздник стал национальным. Вслед за США второе воскресенье мая объявили праздником 23 страны, еще более 40 стран отмечают праздник в другие дни.

В России отмечать День матери стали сравнительно недавно. Учрежденный Указом президента РФ от 30 января 1998 года, он празднуется в последнее воскресенье ноября. За минувшие десять лет этот праздник, посвящен именно матери, а не всем женщинам, пока не успел войти в жизнь россиян так же прочно, как праздник 8 Марта, но со временем он может стать одним из главных праздничных дней в российском календаре.

Вопросы здоровья матери и ребенка, повышения уровня рождаемости и снижение младенческой и материнской смертности занимают важное место в социальной политике государства. Первое специальное учреждение по охране материнства и детства появилось в России 10 января 1918 года. В настоящее время помощь женщинам-матерям и детям оказывают 11,5 тысяч женских консультаций, детских поликлиник и амбулаторий. Функционирует 29 перинатальных центров областного и муниципального уровня, 204 родильных дома и 2700 родильных отделений городских и районных больниц. Оказанием медицинской помощи занимаются 39 тысяч акушеров-гинекологов и 69,4 тысяч врачей-педиатров.

Уже принесла ощутимые результаты реализация национального проекта «Здоровье». Заметно снизилась материнская и младенческая смертность, в 2007 году был отмечен самый высокий показатель рождаемости за последние 16 лет. Согласно статистическим данным, за первое полугодие 2008 года в России родились 811,5 тысячи детей, что на 58,5 тысячи больше по сравнению с показателями аналогичного периода прошлого года.

1 января 2007 года вступил в силу федеральный закон о так называемом «материнском капитале». Документ предусматривает выплаты 250 тысяч рублей женщинам, родившим или усыновившим второго и последующих детей. Ежегодно «материнский капитал» индексируется с учетом инфляции.

В ряду первых документов, подписанных президентом РФ Дмитрием Медведевым, был указ «Об учреждении ордена "Родительская слава"». Во многих российских регионах возродили почетный знак «Материнская слава». Он вручается матерям-героиням в Челябинской, Ленинградской, Саратовской, Омской, Тверской областях, в Якутии, Удмуртии, Кабардино-Балкарии, Башкирии.

В текущем году День матери занимает особое место среди праздников, отмечаемых в нашей стране, так как 2008 год был объявлен Годом семьи, напоминает ИТАР-ТАСС.

22. Какая страна первой признала День матери национальным праздником?
A) США.   B) Россия.   C) Англия.   D) Древний Рим

23. Какое из следующих суждений соответствует содержанию текста?
A) День матери, как и 8 марта, прочно вошел в жизнь россиян.
B) День матери, как и 8 марта, посвящен всем женщинам России.
C) День матери постепенно приобретает популярность в России.
D) День матери в России имеет фиксированную дату.

24. Какое событие произошло в 2007 году в России?
A) День матери объявлен национальным праздником России.
B) Вступил в силу федеральный закон о «материнском капитале».
C) Подписан указ об учреждении ордена «Родительская слава».
D) Создано первое учреждение по охране материнства и детства.

Текст 4

В борьбе с мировым финансовым кризисом государство инвестирует огромные средства для того, чтобы поддержать наиболее пострадавших участников рынка. При этом значительную долю этой финансовой поддержки получает крупный бизнес, который в свое время сделал большие займы за рубежом, более 500 млрд. долл. (при том что само государство снизило свою задолженность до 40 млрд. долл.)

На первый взгляд такая позиция понятна и оправданна, поскольку за этими предприятиями, добывающими компаниями, торговыми сетями стоят люди, которые там работают. И, чтобы бизнес не начал сворачиваться, нужно его как-то поддержать. Но при этом хочется спросить: насколько оправданна такая помощь? Во-первых, кредиты брались конкретными: людьми, которые должны лично за них отвечать. Все ли способы покрытия своих частных долгов ими были использованы? Привлечены ли из зарубежных «заначек» личные деньги?

Во-вторых, наверняка все этапы «загранкредитования» были оговорены гарантиями. И здесь возникает главный вопрос: а что же тогда плохого, если под обеспечение невозвращенного кредита западные банки возьмут у российских бизнесменов часть их собственности?

Мы все время сетуем, что иностранный капитал бежит из России, что нам нужны инвестиции. Ну вот, пожалуйста, иностранный капитал может прийти в Россию «за долги». «Западники» могут привнести в российский бизнес эффективное управление, новые методы борьбы с кризисом, дополнительное финансирование. Наш бизнес останется внутри нашей страны. На предприятиях — просто другого собственника — будут продолжать работать россияне. Еще один очевидный плюс — Россию перестанут обвинять в том, что она выгоняет из страны западных совладельцев крупных проектов.

Мы бы убили двух зайцев: и сохранили деньги в госфондах, которые пригодятся на будущее, и дали бы возможность «нуждающемуся» бизнесу жить реальной жизнью. Выдержит испытание на прочность — все выиграют. Нет — таковы законы конкуренции. Естественно, это не касается важных для страны стратегических компаний: они могут быть профинансированы государством.

Давайте вспомним: ведь сами крупные бизнесмены никогда не были патриотами до мозга костей. Неоднократно на страницах «АиФ» мы задавались вопросом: а почему они, собственно, заработанные в России деньги не инвестируют в страну? А покупают заправки, предприятия, жилые дома за границей? Приобретали за счет доходов от российского бизнеса... бизнес иностранный! Кстати, некоторые продолжают это делать и сейчас, во время кризиса. Им важны безопасность и выгода вложений. А не интересы России. Что ж, настала пора продать там «что-то ненужное» и вернуть деньги сюда, на Родину. Если же этого не произойдет, пусть тогда предприятия перейдут в руки нового собственника. Как говорят в кино: это — бизнес, ничего личного.

25. Как Россия решила противостоять мировому финансовому кризису?
A) Снизить свою задолженность за рубежом.
B) Сделать большие денежные займы за рубежом.
C) Вложить капитал в крупный бизнес.
D) Помочь пострадавшим участникам рынка за счет крупного бизнеса.

26. В чем постоянно обвиняют Россию в, области экономики?
A) В том, что она поощряет работодателей увольнять работников.
B) В том, что она позволяет иностранному капиталу прийти «за долги».
C) В том, что она вслепую берет западную модель управления.
D) В том, что она выгоняет западных совладельцев крупных проектов.

27. Что, по мнению автора, должно делать государство?
A) Сохранять деньги в госфондах.
B) Привлекать больше иностранный капитал.
C) Отвечать за долги крупного бизнеса.
D) Закрывать убыточные предприятия.

Текст 5

«Стройке века» — Московскому международному деловому центру (ММДЦ) Москва-Сити — не везет как проекту публичному. Излюбленная тема критиков — напряженная транспортная ситуация в районе делового центра. Выходит, что коммерческий успех самого масштабного из всех российских девелоперских проектов зависит от неразрешимой проблемы московских пробок? Или же не все так печально?

Прибыльность проекта, особенно в условиях дефицита офисных площадей, несомненна. При условии, конечно, что до Сити можно будет добраться и припарковаться.

Проблема первая — как добраться. Ключевое значение в транспортной системе Сити имеет центральное ядро, которое объединит в себе пересадочные узлы скоростных железнодорожных веток, три линии метро и одну линию мини-метро. Нагрузка на общественный транспорт рассчитана с учетом количества посетителей ММДЦ — ежедневно 300—350 тысяч. Проект организации движения на территорий делового центра еще включает в себя моделирование транспортных потоков вокруг делового центра, организацию движения на период эксплуатации объекта, комплексную схему развития всех видов наземного городского транспорта и так далее. Так что транспортной схемы, которую все уже критикуют, еще по большому счету нет.

Парковки — второй больной вопрос. Внутри Сити предусмотрено около 24 тысяч парковочных мест. Однако достаточно ли предусмотренных стоянок внутри ММДЦ? По словам коммерческого директора Capital Group Алексея Белоусова, близким к идеалу офисным проектом в современной Москве считается такой, где на 80—90 «квадратов» кабинетной площади приходится одно машино-место: По мнению Белоусова, основная загвоздка и парадокс в том, что городские нормативы по количеству машино-мест как в жилых домах, так и в офисных зданиях расходятся с теми показателями, которые показывает практика рынка. На практике же в офисных центрах место с расчетом на 50 «квадратов» девелоперу и клиенту не нужно. Подземный паркинг по себестоимости в разы дороже наземного. Себестоимость только коробки в среднем доходит до 50 тысяч долларов за место, плюс надо учесть долю города, заложенную в проект, и получается больше 60 тысяч. Конечно, многие пользователи готовы платить за комфорт, но кто-то предпочитает наземные парковки, которые стоят в разы дешевле. Если говорить об увеличении числа парковочных мест под землей, то выход — в снижении себестоимости.

С точки зрения мировой практики ММДЦ не является необычным объектом. С подобными проблемами, в том числе транспортными, во время строительства сталкивались и лондонский Сити, и парижский Дефанс. Посему критика первых арендаторов Сити в общем-то не стала неожиданностью — они столкнулись с еще не реализованным в полном объеме проектом. Опыт свидетельствует, что в местах скопления офисных небоскребов и бизнес-парков арендаторы почти всегда сталкиваются с проблемой парковки и транспортных подъездов. Машин в Москве еще не много— 350 на 10 тысяч жителей, тогда как в Европе — около 600, а в США — 900. Широте московских дорог тоже можно позавидовать. Но они все равно заткнуты пробками. Все дело в правильном градопланировании и развитии общественного транспорта, с чем у нас всегда были проблемы.

28. За что часто критикуют Москву-Сити?
A) За плохую прибыльность проекта.
B) За медленное строительство.
C) За нехватку машино-мест.
D) За плохо разработанную транспортную схему.

29. Что может способствовать разрешению вопроса?
A) Комплексное развитие общественного транспорта.
B) Увеличение числа парковочных мест.
C) Снижение себестоимости транспортной схемы.
D) Ограничение количества посетителей ММДЦ.

30. В каком состоянии находится уличное движение в Москве?
A) Редко бывают пробки благодаря небольшому количеству машин.
B) Редко бывают пробки благодаря хорошему градопланированию.
C) Часто возникают пробки из-за недостатков в гградопланиррвании.
D) Часто возникают пробки из-за недостаточной ширины улиц.

综合知识 (Грамматика, Лексика и Стилистика, Литература, Страноведение, 30 мин.)

Прочитайте предложения. Выберите правильный вариант и отметьте соответствующую букву на матрице.

ГРАММАТИКА

31. Общее потребление соли, включая соль, _____ в продуктах, не должно превышать 6 граммов в сутки.
   A) содержащуюся   B) содержавшуюся
   C) содержанную   D) содержащую

32. Новый метод помог увеличить производительность труда _____ 50 раз.
   A) более чем   B) более в   C) более чем в   D) более на

33. В таких зданиях свет льется со всех сторон, _____ нет ни стен, ни потолка.
   A) как   B) так что   C) так как   D) как будто

34. Ему нужно было сдавать вступительные экзамены в университет, _____ он и приехал в город.
   A) зачем   B) когда   C) что   D) благодаря чему

35. У меня много работы, _____ в воскресенье мне не придется отдыхать.
   A) потому что   B) так что   C) за что   D) зачем

36. Вам когда-нибудь приходилось встречаться с такими названиями учебных заведений, как _____?
   A) школой-интернатом.   B) школу-интернат
   C) школа-интернат   D) школ-интернатов

37. Павел пригласил друга в ресторан, и _____ с удовольствием согласился.
   A) он   B) тот   C) который   D) кто

38. На проспекте стоял обычный шум, _____ бывает в этом городе.
   A) какой   B) как   C) пока   D) когда

39. Мы долго смотрели в глаза _____. И, кажется, он понял: мне страшно.
   A) друг друга   B) друг на друга   C) друг к другу   D) друг другу

40. После спектакля на сцене к ногам Петровой поставили такую огромную корзину розовых и алых роз, _____ весь зал ахнул.
   A) чтобы   B) как   C) что   D) сколько

41. Известно, что переговорный процесс _____ российско-китайской границе занял более сорока лет.
   A) на   B) по   C) в   D) про

42. К предстоящему походу надо готовиться как следует, ведь в безграничной степи может случиться _____.
   A) каждое   B) иное   C) любое   D) всякое

43. Никакая иная сила не делает человека великим и мудрым, _____ это делает сила коллективного труда.
   A) так   B) как   C) что   D) каким

44. _____ начали строить поселок, здесь был прекрасный парк.
   A) До того как   B) После того как   C) Перед тем как   D) Прежде чем

45. Я умею водить машину, но мне больше нравиться ездить _____.
   A) по пассажиру   B) пассажир   C) пассажиром   D) на пассажире

46. Эта пара жила, как кошка с собакой. Дня не было, _____ они не ссорились.
   A) пока   B) как   C) что   D) чтобы

47. В воздухе звук распространяется медленно по сравнению с тем, _____ он распространяется в твердом теле.
   A) пока   B) когда   C) как   D) чем

48. Люди привыкли судить о погоде по приметам, допустим: птицы в пыли купаются — _____.
   A) к дождю   B) в дождь   C) под дождь   D) из-за дождя

49. Утром, _____ из квартиры, Ира вспомнила, что забыла пропуск, и ей пришлось идти обратно.
   A) уйдя   B) выйдя   C) выходящая   D) ушедшая

50. Дело действительно срочное, но не _____ собирать всех в полночь.
   A) настолько, чтобы
   B) столько, сколько
   C) столько, чтобы
   D) настолько, насколько

51. Вернись я на день раньше, _____ Сашу в городе.
   A) заставлял   B) заставал   C) заставил бы   D) застал бы

52. _____, как Пушкин или Ломоносов, не каждое столетие рождаются.
   A) Каких   B) Таких   C) Какие   D) Такие

53. Мы живем _____ экономики, основанной на знаниях.
   A) в эпохе   B) на эпохе   C) в эпоху   D) на эпоху

54. За несколько минут туман исчез бесследно, _____ его прогнало дальше на восток, _____ впитался в высокое небо.
   A) то ли, то ли   B) то, то   C) ни, ни   D) и, и

55. Юра поднялся и _____ к себе в комнату. Но воздух в ней был еще жарким, и он опять вернулся на террасу.
   A) вошел бы   B) вошел было   C) шел было   D) шел бы

ЛЕКСИКА И СТИЛИСТИКА

56. Мероприятия, проводимые Академией, _____ глубокому осмыслению задач российской журналистики.
   A) соответствуют   B) приводят   C) воздействуют   D) способствуют

57. Это был _____ на диссертацию, который она давала лет десять тому назад, и теперь он вдруг понадобился.
   A) отклик   B) ответ   C) отзыв   D) отказ

58. Эта тенденция отчасти _____ процесс старения сельского населения в рассматриваемый период.
   A) выражает   B) отражает   C) поражает   D) возражает

59. Эксперимент _____ к тому, чтобы обеспечить регионы учебниками за счет федерального бюджета.
   A) свели   B) подвели   C) произвели   D) перевели

60. Жизнь создает условия, _____ экспериментальным, которые нельзя планировать и организовать специально.
   A) близкие   B) похожие   C) сходные   D) удобные

61. Закончив университет, студенты получили диплом: _____.
   A) с высшим образованием   B) о высшем образовании
   C) по высшему образованию   D) на высшее образование

62. Муж не нашлел себе работу, и жить супруги могли только _____ жены.
   A) за зарплату   B) по зарплате   C) на загзплату   D) с зарплатой

63. Сегодня, а _____ в будущем, именно образование и культура, новые знания и технологии определяют путь человечества к прогрессу.
   A) тем самым   B) более того   C) тем более   D) тем временем

64. Двусторонние отношения между Китаем и Россией за последние годы _____ на небывалый уровень.
   A) вышли   B) пошли   C) вошли   D) прошли

65. В русском языке слово может _____ из нескольких частей: префикса, корня, суффикса, окончания.
   A) формировать   B) составлять   C) образовать   D) состоять

66. Путь на метро из конца в конец Москвы _____ около часа.
   A) снимает   B) занимает   C) располагает   D) проходит

67. В результате проведенного _____ получился список наиболее популярных подарков.
   A) опроса   B) вопроса   C) допроса   D) спроса

68. Молодые инженеры, конструируя новую машину, _____ способности творчески мыслить и работать.
   A) заявили   B) предъявили   C) объявили   D) проявили

69. За движением искусственных спутников _____ специальные астрономические станции.
   A) следуют   B) любуются   C) преследуют   D) наблюдают

70. Это хорошо, что ты _____ смелости и рассказал всю правду.
   A) выбрался   B) собрался   C) набрался   D) убрался

71. Никто не может помешать большинству, если оно хорошо организовано, _____.
   A) связано   B) объединено   C) обвязано   D) соединено

72. Русская поговорка гласит: «Дома и _____ помогают».
   A) стены   B) окна   C) двери   D) полы

73. Как известно, любовь к учению лежит _____ всей китайской цивилизации.
   A) основой   B) под основу   C) в основе   D) на основе

74. Цель внешкольной воспитательной работы — помочь детям найти любимое место, полностью _____ свои способности.
   A) накрыть   B) покрыть   C) прикрыть   D) раскрыть

75. В предложении «Время летит стрелой» используется стилистический прием _____.
   A) метафора   B) сравнение   C) синекдоха   D) олицетворение

ЛИТЕРАТУРА

76. Что дает основание характеризовать поэму «Кому на Руси жить хорошо» как поэму-эпопею?
   A) Размеры поэмы.
   B) Широкая картина событий народной жизни.
   C) Отражение крестьянских радостей и горестей.
   D) Бесчисленное множество персонажей.

77. К какому литературному направлению принадлежат южные поэмы Пушкина?
   A) К классицизму.   B) К реализму.
   C) К романтизму.   D) К сентиментализму.

78. Среди русских писателей _____ является третьим лауреатом Нобелевской премии литературы.
   A) Б. Пастернак   B) М. Шолохов   C) А. Солженицын   D) И. Бродский

79. В русской литературе «Герой нашего времени» является первым _____.
   A) произведением сатирического жанра   B) произведением исторического жанра
   C) романтическим произведением   D) социально-психологическим романом

80. Кто главный герой романа Достоевского «Преступление и наказание», совершивший преступление?
   A) Раскольников   B) Герман   C) Соколов   D) Ленский

СТРАНОВЕДЕНИЕ

81. В Шанхайскую организацию сотрудничества (ШОС) входят такие государства, как _____.
   A) Азербайджан, Китай, Кыргызстан, Россия, Таджикистан и Узбекистан
   B) Армения, Казахстан, Китай, Россия, Таджикистан и Узбекистан
   C) Казахстан, Китай, Кыргызстан, Россия, Таджикистан и Узбекистан
   D) Казахстан, Китай, Россия, Таджикистан, Туркменистан и Узбекистан

82. _____ в России отмечается День народного единства.
   A) 4 ноября   B) 7 ноября   C) 1 октября   D) 9 мая

83. Самая влиятельная партия в современной России — это _____.
   A) КПРФ   B) ЛДПР   C) СПС   D) «Единая Россия»

84. На XXIX-й летней Олимпиаде в Пекине Россия заняла _____ место в мире.
   A) 1   B) 2   C) 3   D) 4

85. 9 марта 2008 года Дмитрий Медведев был избран _____ президентом Российской Федерации.
   A) вторым   B) третьим   C) четвертым   D) пятым

86. Основоположником практической космонавтики был _____, под руководством которого состоялся первый полет человека в космос.
   A) И. В. Курчатов   B) Ю. А. Гагарин   C) К. Э. Циолковский   D) С. П. Королев

87. _____ был главнокомандующим русской армией, разбившей Наполеона.
   A) Г. К. Жуков   B) Ф. Ушаков   C) М. И. Кутузов   D) В. М. Чуйков

88. В Послании депутатам Медведев выдвинул предложение о продлении срока полномочий президента с _____ до _____ лет.
   A) 4,6   B) 4,7   C) 5,6   D) 5,7

89. В 1881 году великий русский композитор _____ написал оперу «Снегурочка», которая стала жемчужиной русского театрального искусства.
   A) М. П. Мусоргский   B) Н. А. Римский-Корсаков
   C) М. И. Глинка   D) А. П. Бородин

90. На территории Кремля три главных собора — _____.
   A) Успенский, Архангельский, Благовещенский
   B) Архангельский, Казанский, Софийский
   C) Храм Христа Спасителя, Исаакиевский собор, Софийский собор
   D) Храм Василия Блаженного, Казанский собор, Храм Спаса на крови

翻译 (Перевод, 50 мин.) （参考译文见随书光盘）
Переведите выделенные предложения на китайский язык.

Престижно иметь своё дело, интересную профессию и неплохой заработок. ①Только понятие «успешная карьера» у многих связано с долгой дорогой до офиса, скучными обедами и постоянной напряжённой работой, из-за которых видеть мужа и детей среди рабочей недели можно только на фотографиях. Вот если бы можно было делать карьеру, не выходя из дома...

②Однако многие женщины, попробовавшие такой труд дома, говорят, что это тяжёлый хлеб — для того чтобы заработать даже небольшие деньги, потребуется гораздо больше усилий, чем при работе в офисе. Вы с удивлением обнаружите, что день стал слишком коротким и вы ничего не успеваете сделать. Постоянно приходится заниматься уборкой. На приготовление обеда уходит полдня. А потом ещё нужно будет помыть посуду... Трудиться в одиночестве невесело. ③Если раньше высчитали, что коллеги слишком часто отвлекают по пустякам и не дают сосредоточиться на главном, то дома вы будете скучать без них. К тому же трудолюбие — вещь заразительная. Легко совершить трудовые подвиги в офисе, в атмосфере всеобщего энтузиазма. А дома, где покой и гармонию никто не нарушает, можно просиживать над чистым листом часами.

Впрочем, если вы — человек ответственный и аккуратный, ваши трудности будут другого рода. Боясь не успеть выполнить работу к нужному сроку, вы будете сидеть за компьютером с раннего утра до позднего вечера. ④Но в скором времени начнёте испытывать дефицит человеческого общения.

Если надомная работа не временная, а постоянная, вы неизменно начнёте тосковать по офисной жизни. ⑤Вам будет некуда надеть недавно купленный костюм. Каждый день будет похож на предыдущий. Вас перестанет радовать приближение выходных. Одним словом, у вас, скорее всего, появится повод обратиться к врачу.

___
___
___
___
___
___
___

Переведите выделенные предложения на русский язык.
①中国伟大的思想家和教育家孔子(Конфуций)生活于公元前551年至公元前479年间。他出生于鲁国，是儒家学派的创始人。

②孔子的很多思想即使在今天看来也很有价值。他在教育上主张用启发的方法促使学生独立思考，主张在学习书本知识的同时还要有自己的独立的见解。孔子的言行被他的弟子编为《论语》一书。

③孔子的思想也被后人吸收和发扬光大，成为中国传统哲学的最重要组成部分，并逐渐传播到周边国家，形成了影响范围很广的儒家文化圈。

④孔子是中华民族的骄傲，他在中国家喻户晓。孔子也属于世界文化宝库，联合国教科文组织曾将他列为世界十大文化名人之一。

写作 (Сочинение, 40 мин.)

Напишите сочинение (не меньше 180 слов).

Тема: «Собственный автомобиль: польза семье, проблемы остальным?»

2011年全国高校俄语专业八级水平测试试卷

(试题答案见随书光盘)

口语表述 (Говорение, 10 мин.)

听录音 (听力音频、听力原文见随书光盘)

听力理解 (Аудирование, 20 мин.)

Прослушайте тексты и задания. Выберите правильный вариант и отметьте соответствующую букву на матрице.

听录音 (听力音频见随书光盘)

Текст 1

Задание 1.
A) С генсекретарем ВТО.
C) С госсекретарем США.
B) С президентом США.
D) С вице-премьером России.

Задание 2.
A) Подготовить встречу с президентом США.
B) Поблагодарить правительства стран-членов ВТО.
C) Подготовить документы для переговоров с США.
D) Активизировать консультации с рядом стран.

Текст 2

Задание 3.
A) Ядерный проект.
C) Трубопровод нефти.
B) Трубопровод газа.
D) Атомную электростанцию.

Задание 4.
A) О деталях поставок российского газа в Китай.
B) Об объемах поставок газа и принципах оплаты.
C) О намерениях поставок российского газа в Китай.
D) Об основных условиях контракта по поставкам газа.

Задание 5.
A) Договоренность о запуске нового ядерного проекта.
B) Договоренность о сотрудничестве в области безопасности.
C) Договоренность о проведении совместных военных учений.
D) Договоренность о сотрудничестве в сфере высоких технологий.

Текст 3

Задание 6.
A) Играть на пианино.
B) Готовить горячие завтраки.
C) Искать в Интернете рецепты.
D) Отвечать на несложные вопросы.

Задание 7.
A) Первая партия продана пожилым людям.
B) В ближайшие годы они поступят в продажу.
C) Они хорошо продаются за 5 тысяч долларов.
D) Пять лет назад их уже выпустили в продажу.

Текст 4

Задание 8.
A) О снижении зарплаты госслужащих.
B) Об увеличении зарплаты госслужащих.
C) О сокращении рабочих часов госслужащих.
D) О сокращении численности госслужащих.

Задание 9.
A) На борьбу с наркоманией и алкоголизмом.
B) На защиту детей от вредной информации.
C) На улучшение медицинского обслуживания.
D) На распространение книг и аудиопродукции.

Текст 5

Задание 10.
A) Он будет дороже.
B) Он будет дешевле.
C) Его хватит еще на 100 лет.
D) Он исчезнет в недалеком будущем.

Задание 11.
A) Потому что потребление газа увеличивается.
B) Потому что запаса газа становится все меньше.
C) Потому что добыча газа становится все сложнее.
D) Потому что такая тенденция и на мировом рынке.

Текст 6

Задание 12.
A) В мире осталось чуть больше 3 тысяч.
B) В Приморье их осталось не меньше 3 тысяч.
C) В России осталось немногим меньше 3 тысяч.
D) Под Санкт-Петербургом их водится около 3 тысяч.

Задание13.
A) В Москве.
B) Во Владивостоке.
C) В Санкт-Петербурге.
D) В Комсомольске-на-Амуре.

Текст 7

Задание 14.
A) Заявку на проведение зимней Олимпиады.
B) Заявку на проведение супертурнира по футболу.
C) Заявку на проведение мирового первенства по футболу.
D) Заявку на проведение Чемпионата мира по хоккею.

Задание 15.
A) Дания.   B) Япония.   C) Испания.   D) Болгария.

阅读理解 (Чтение, 30 мин.)

Прочитайте тексты и задания. Выберите правильный вариант и отметьте соответствующую букву на матрице.

Текст 1

На сегодняшний день техника дошла до такой стадии, когда человек, находясь на одном конце земного шара, свободно может общаться с человеком, который находится на противоположном краю планеты. И не только с помощью телефона. Ни для кого не секрет, что существуют SMS-технологии, различные компьютерные системы, так называемые чаты, при помощи которых очень удобно передавать свои мысли на расстоянии. Сообщение доходит до адресата мгновенно и для этого не нужны особые усилия или умения. Все очень просто: открыл «окно»; написал сообщение, отправил. Более того, чаты помогают заводить новые интересные знакомства, новых друзей. Все, казалось бы, неплохо, если бы не определенные проблемы.

Новейшие технологии развивают в человеке, помимо всего прочего, лень, пассивность, и, что самое главное, безграмотность. С появлением различных «систем электронного общения» грамотность письма значительно снизилась, особенно среди молодежи. Ведь именно молодое поколение чаще всего пользуется услугами чатов.

Искажение слов, отсутствие знаков препинания, система «как слышим, так и пишем» приводят к общей безграмотности. Такое написание становится привычным, и уже сложно переучиться на правильный вариант. Например, вместо того, чтобы написать «Что нам задали по литературе?» пишут «Че нам дали па литре?» Естественно, что в нормальной, грамотной речи это недопустима?

Многие согласны что такие ередства общения приводят к резкому снижению грамотности. Тем не менее, никто не собирается отказываться от «чатового» общения. Наоборот, в последнее время это стало очень популярно и модно. «Да конечно, я заметил, что моя грамотность стала хуже, но это не значит, что я перестану «чатиться». Очень часто бывает лень выходить на улицу, да и погода иногда подводит, а общаться с друзьями хочется! Вот тут и приходит на помощь ICQ. Кроме того, очень хорошо развивается зрительная память, и уже быстро начинаешь набирать буквы на клавиатуре! Так что чаты приносят не только вред, но и пользу»; — рассказал один любитель «чатиться».

Конечно, глупо думать, что современная молодежь перестанет общаться припомощи SMS или чатов из-за того, что снижается грамотность. Но, по крайней мере, ограничить употребление слов-паразит и соблюдать знаки препинания вполне реально. Бесспорно, это сделать очень сложно, потому что привыкаешь говорить так, а надо совсем по-другому. Переучиться всегда гораздо сложнее, чем выучиться. Хотелось бы верить в то, что такие системы общения будут минимально влиять на уровень грамотности людей.

16. Что автор считает главным негативным поледствием использования чатов?
A) С их появлением люди стали меньше общаться.
B) Они приводят к снижению общей грамотности.
C) Они приводят к снижению зрительной цамяти.
D) С их появлением люди чаще выходят на улицу.

17. Почему чаты в последнее время получают быстрое распространение?
A) Потому что они учат печатать на кяавиатуре.
B) Потому что они развивают зрительную память.
C) Потому что они облегчают общение на растоянии.
D) Потому что они способствуют повышению общей грамотности.

18. Что советует автор в отнощении чатов?
A) Отказаться от этого вида общения.
B) Как можно больше общаться через чаты.
C) Ограничивать использование молодежью чатов.
D) Соблюдать языковые правила при использовании чатов.

Текст 2

Иностранцы, приезжавшие в Москву в советский период, обычно описывали ее как огромный мрачный город с минимальным уровнем сервиса, неприязненным обслуживающим персоналом, вездесущим КГБ и отсутствием тех развлечений, к которым они привыкли у себя на родине.

С началом рыночных реформ, когда главным стало получение прибыли, предприятия сервиса были вынуждены пересмотреть вечный принцип советских продавщиц: «я одна, а вас много». Уровень сервиса начал расти, хотя не сразу и не быстро. Но в настоящий момент многим европейцам больше нравится сервис в Москве, где персонал знает, что клиент всегда прав (тем более иностранный), чем у себя на родине, где работники защищены от увольнения мощными профсоюзами и огромными судебными исками. Нынешнее положение иностранцев в Москвелучше всего иллюстрирует опрос «Жизнь Москвы глазами иностранцев».

Большинство живущих в Москве иностранцев считают, что российскую столицу даже близко нельзя сравнивать с другими европейскими и американскими городами-гигантами. Но это вовсе не значит, что она отличается от них в худшую сторону. С точки зрения иностранцев, гордиться мы должны прежде всего памятниками русской старины. Восхищение гостей вызывает также изобилие архитектурных шедевров модерна, ширина главных московских улиц, зелень парков и бульваров.

Как ни странно, по мнению большинства опрошенных иностранцев, в столице очень хорошая экология. В Москве им легче дышится, даже несмотря на загазованность, ядовитые выхлопы промышленных предприятий и старых автомашин. В московских магазинах вполне приемлемое качество товаров и сервиса, транспорт функционирует неплохо, а население, скорее дружелюбно, хоть и мало владеет иностранными языками.

Московские музеи также пользуются большой популярностью — иностранцы предпочитают Музей изобразительных искусств, Третьяковскую галерею, Оружейную палату, Музей истории Москвы и другие. Среди объектов, часто посещаемых иностранцами, музеи-квартиры Чехова, Маяковского, Пушкина, Достоевского. Популярны музеи усадьбы.

Еще иностранцам очень нравится ходить в московские театры. Лидирует, разумеется, Большой, за ним следует «Геликон-опера», Новая опера и Театр оперетты, а из драматических — Малый театр, Таганка, «Сатирикон» и Ленком. Вообще, говоря о досуге, иностранцы называют полный набор традиционных русских брендов. Среди них Достоевский, Чайковский, Станиславский, Тарковский, матрешки, водка и блины. После театров любимое времяпрепровождение иностранцев в Москве — слушать джаз и рок в клубе.

Правда, до клубов иностранцам не всегда удается доехать. Дело не только в том, чтобы найти дорогу, ведь в Москве почти нет указателей с латинской транскрипцией названий улиц. Иностранцы жалуются на качество бензина, от которого часто ломаются их привередливые машины, и все как один критикуют дорожную полицию: «Они готовы брать деньги всегда и за все, очень любят проверять документы и при этом ведуд себя возмутительно». Помимо этого есть и другие претензии. Пожалуй, главная из них — цена проживания в столичных гостиницах: стоимость номера не всегда соответствует качеству обслуживания, хозяева частных квартир слишком задирают арендную, как только слышат иностранный акцент. Зато безопасность как в гостиницах, так и в квартирахоценивается очень хорошо. Уровень цен в магазинах оценивается как средний.

В целом гости в Москве чувствуют себя уютно — даже несмотря на грязь во дворах, сломанные лифты и явный недостаток общественных уборных.

19. Как нужно понять фразу «я одна, а вас много» во втором абзаце текста?
A) Не могу обслуживать всех сразу.
B) Вы мне мешаете работать.
C) Вас много и очередь идет быстро.
D) Я рада, что у нас много покупателей.

20. Чем, по мнению иностранцев, может гордиться Москва в первую очередь?
A) Экологией. B) Гостеприимством.
C) Музеями и театрами. D) Историческими памятниками.

21. Что не нравится иностранцами в Москве?
A) Экология, клубы, транспорт.
B) Автомашины, качество товаров, сервис.
C) Дорожная полиция, качество бензина, цена проживания.
D) Дороги, безопасность в гостиницах, качество обслуживания.

Текст 3

Многочисленные объявления—«куплю», «продаю», «сниму», «меняю», «предлагаю» — облегчают нашу жизнь, помогая найти человека, который нужен именно для данного дела.

Для того чтобы люди нашли друг друга, существует специальная мощная индустрия. Имя ее — реклама. Результаты этой работы можно услышать по радио, увидеть по телевизору, прочитать в газетах и журналах, на специальных стендах и электронных табло, в троллейбусах и метро. Для рекламных объявлений выбирают самые оживленные и видные места на площадях и улицах. Время выбирают такое, когда наибольшее число людей слушает радио или смотрит телевизор. В рекламе прежде всего нуждается все новое, о чем люди не информированы. Едва ли стоит рекламировать рынок, где еще ваша бабушка покупала мясо и молоко.

В СССР традиционно мало времени уделялось рекламе. Нельзя сказать, что ее вообще не было. Не было на телевидении и на радио, но на улицах можно было прочитать такие объявления: «Храните деньги в сберегательной кассе – это надежно, выгодно и удобно», «Летайте самолетами Аэрофлота» и т. д. Профессиональный бизнесмен скажет, что это не реклама. Зачем объявлять об услугах, которые предоставляет для частных лиц только один – государственный банк? Зачем убеждать людей пользоваться услугами Аэрофлота, если других видов воздушных сообщений нет? В последнее время в связи с развитием предпринимательства положение изменилось. Реклама прочно обосновалась на радио и телевидении. Подавляющее большинство рекламных материалов – это сообщение о новых СП, товарных биржах, аукционах, предлагающих свои товары и услуги.

Составить текст рекламного объявления для газеты или журнала, подготовить рекламный видеоклип для телевидения – дело весьма непростое. Особенно трудно, когда приходится писать на неродном языке. Ведь требуется найти такую форму рекламного объявления, которая привлекала бы людей и вызывала у них положительные эмоции. А для этого надо найти необходимые слова.

Надо сказать, что русские, особенно люди старшего возраста, относятся к рекламе довольно недоверчиво. Распространено мнение, что хороший товар в рекламе не нуждается. Поэтому русские легко поверят частной рекомендации, которую получат от друзей или родственников, но засомневаются, прочитав рекламное объявление.

Современные специалисты по рекламе хорошо знают, что мало просто информировать потребителя о товарах и услугах. Необходимо убедить покупателя и клиента в том, что этот товар или эта услуга ему совершенно необходимы. Русские, как и люди других национальностей, очень ценят в вещах прочность и надежность при эксплуатации, любят разнообразные уступки, льготы и скидки. Поэтому очень убедительными будут рекламные лозунги такого типа: «Часы нашего завода носит сам президент», «Наш мотоцикл специально предназначен для бездорожья», «Две ручки стоят на 10% дешевле, чем одна+одна».

22. Что прежде всего стоит рекламировать в СМИ и на улицах?
A) То, о чем люди пока ещё плохо знают.
B) То, к чему уже давно привыкли люди в своей жизни.
C) То, что может вызвать положительные эмоции у покупателя.
D) То, что нравится производителям и рекламодателям.

23. На чем основано сомнение специалистов о существовании рекламы в СССР?
A) Настоящая реклама только в газете и на телевидении.
B) Реклама имеет свою специфическую форму.
C) Без конкуренции не может быть рекламы.
D) Рекламу должны давать только госучреждения.

24. На что обращают особое внимание клиенты при восприятии рекламы?
A) На внешний вид товара.   B) На качесгво и цену товара.
C) На форму рекламы.   D) На репутацию рекламодателя.

Текст 4

Всю эту неделю наша планета находится во власти сильных магнитных бурь, вызванных вспышками на солнце. По прогнозам российской службы космической погоды пик космического тайфуна стихнет только к выходным.

Говорят, что такие сильные бури случаются не чаще, чем раз в десять лет. Но людям, страдающим сердечно-сосудистыми заболеваниями, а также забалеваниями органов дыхания, от этого не легче. О влияниях магнитных бурь на здоровье известно давно. Столь же давно существуют рекомендации по поводу того, как вести себя в эти дни людям с ослабленным здоровьем. Однако механизм воздействия магнитных бурь на человека до сих пор вызывает споры. И есть разные мнении о том, каким образом правильнее всего реагировать на это явление.

Во время магнитных бурь в первую очередь следует успокоиться, как советовал профессор Преображенский, не читайте перед завтраком газет, поменьше смотрите телевизор. Вполне возможно, что после применения этих методов вам уже не понадобятся сердечные лекарства.

Магнитные бури бывают также и искусственные. Два года назад петербургские ученые пришли к выводу, что работники питерского метрополитена и его пассажиры подвергаются вредному воздействию электромагнитных полей сверхнизкой частоты, в сотни раз превосходящих большие геомагнитные бури. Из-за этого у машинистов поездов метро и мощных железнодорожных электровозов наблюдается высокий процент болезни сердца. Да и у пассажиров бывают случаи внезапных сердечных приступов. В результате обнаружилось, что наиболее сильные электрополя обрабатывают людей в кабине машиниста, в пассажирском салоне и у края платформы, где в основном располагаются пассажиры в ожидании поезда. По мнению специалистов, магнитные поля в метро носят импульсивный характер. Они возникают, когда поезда трогаются с места, резко набирая скорость, и когда резко тормозят. Таким образом, люди получают периодически кратковременные магнитные удары по организму с частотой 7 – 9 герц. По данным физиологов человеческий организм чувствителен к действию таких полей. Это далеко не единственный случай искусственной магнитной бури. О последствиях многих из них мы узнаем только через несколько десятков лет. Но в наши дни паниковать из-за какой-то вспышки на солнце стоит разве лишь человеку, который не ездит в метро, не пользуется мобильным телефоном, не работает на компьютере, и т. д.

25. Какой прогноз сделала российская служба космической погоды?
A) Магнитные бури пройдут к выходным дням.
B) Космический тайфун достигнет к выходным дням.
C) На днях произойдут вспышки на солнце.
D) На днях произойдут магнитные бури.

26. Когда пассажиры метро подвергаются сильнейшему воздействию магнитных полей?
A) Когда поезд стоит на станции.
B) Когда вагон переполнен людьми.
C) При резком изменении скорости поезда.
D) При равномерном движении поезда.

27. Какой вывод делает автор?
A) Магнитные бури не оказывают влияния на здоровье людей.
B) Надо поменьше пользоваться мобильным телефоном.
C) Надо поменьше ездить на метро и электропоездах.
D) Не стоит слишком переживать из-за вспышки на солнце.

Текст 5

Работа на износ и диагноз «офисный синдром (综合征)» стали главными чертами российских «белых воротничков». Каждый менеджер среднего звена знает анекдот про свое «профессиональное» заболевание: «У меня хроническая офисная болезнь: до обеда всегда хочется есть, после обеда спать и такое чувство, что мало платят!» Однако в том, что в «офисных» болезнях нет ничего смешного, молодой Сергей Мамонтов убедился на собственном опыте. Первой, впрочем, заметила неладное жена Елена.

— Он целыми ночами не спит, а ходит по квартире в полусне и что-то бормочет, — пожаловалась она знакомому психотерапевту. И не понять, что именно!

Психотерапевт осмотрел Сергея, но ничего не обнаружил. Да и сам молодой человек стоял на своем: «Я абсолютно здоров!» А через две недели Сергея увезла «скорая».

Утром он стал собираться на работу, и вдруг на него что-то нашло, — рассказывает Лена. — Закрылся в ванной, стал кричать, что никогда отсюда не выйдет, что скорее покончит жизнь самоубийством, чем пойдет на работу... Я жутко перепугалась и вызвала врачей.

Однако доктора поведению молодого сотрудника кредитного отдела банка не особенно удивились. Диагноз «офисный синдром» стал настоящей визитной карточкой поколения «молодых обеспеченных россиян» — части того самого среднего класса, который, по идее, является основой любого общества.

По данным Минздрава и Госкомстата, за последние 10 лет число россиян, страдающих психическими расстройствами, увеличилось на 800 тысяч человек. Теперь их более 4 миллионов.

Российские врачи только начинают изучать офисное пространство. Хотя в свое время советская наука о гигиене труда стала пионером в борьбе с различными профессиональными заболеваниями. Именно в НИИ гигиены труда и профзаболеваний АМН СССР впервые в мире были введены нормы обязательных медосмотров, разработаны санитарные правила офисных помещений. Правда, тогда упор в гигиене труда делали на тяжелую физическую работу в промышленности, а не на работников умственного труда. Практически единственное, что для работников умственного труда разработали медики, – обязательная пятиминутка гимнастики.

Нынешняя отечественная медицина уже практически признала новое «офисное» заболевание – синдром хронической усталости (СХУ). Симптомы знакомы почти каждому человеку – мышцы ломит, слабость, сложно собраться с мыслями, голова гудит... Причем эта усталость наваливается на человека не после рабочего дня, а в самом его начале.

Наши врачи пока еще не представляют, как лечить СХУ, а поэтому уничтожают ее по частям, симптоматически: вирусы – антивирусными средствами, депрессию – антидепрессантами, а бессонницу – снотворным. Ещё прописывают витамины, бег по утрам и здоровый образ жизни вообще. Но беда в том, что многие менеджеры не испытывают к здоровому образу жизни никакого интереса.

28. В какой сфере работает Сергей Мамонтов?
A) В сфере образования.
B) В сфере финансов.
C) В сфере физкультуры.
D) В сфере здравоохранения.

29. Чем пренебрегала советская наука по гигиене труда?
A) Состоянием здоровья работников умственного труда.
B) Состоянием здоровья работников физического труда.
C) Изучением офисного пространства.
D) Санитарными правилами офисных помещений.

30. Какой из способов избавления от болезни не получил должного внимания офисных сотрудников?
A) Постоянно принимать лекарства.　　B) Вести здоровый образ жизни.
C) Уничтожать его по частям.　　D) Обращаться к психотерапевту.

综合知识 (Грамматика, Лексика и Стилистика, Литература, Страноведение, 30 мин.)

Прочитайте предложения. Выберите правильный вариант и отметьте соответствующую букву на матрице.

ГРАММАТИКА

31. В таможенной декларации следует указать, _____ вы прибыли в Россию.
　　A) по какой цели　　　　　　　　B) при какой цели
　　C) с какой целью　　　　　　　　D) за какой целью

32. Опасно обменивать валюту _____ у незнакомых людей: вас могут обмануть.
    A) на руки   B) у рук   C) в руках   D) с рук

33. Сейчас через центр не _____. Там большие пробки.
    A) ехать   B) переехать   C) объехать   D) проехать

34. Как все дорожает! Рыба стоит почти _____ дороже, чем год назад.
    A) в два раза   B) два раза   C) на два раза   D) по два раза

35. После строгого медицинского осмотра Антонов наконец стал кандидатом _____.
    A) к космонавтам   B) в космонавты   C) для космонавтов   D) на космонавтов

36. Русская пословица гласит: «Любишь кататься, люби и саночки _____».
    A) водить   B) вести   C) возить   D) везти

37. Библиотека считалась самым высоким зданием в университете, _____ построили новый учебный корпус.
    A) между тем как   B) как только   C) после того как   D) пока не

38. Не беспокойся, он тебе всегда поможет, _____ случилось.
    A) что не   B) как бы ни   C) что бы ни   D) как не

39. Среди актеров встречается мнение, _____ процесс создания кинофильма сводится исключительно к работе режиссера.
    A) как   B) будто   C) какой   D) когда

40. Я остался равнодушным к этому спектаклю: _____ актеры плохо играли, _____ я был не в настроении.
    A) то ли... то ли...   B) то... то...   C) да... да...   D) ни... ни...

41. Когда девочка посмотрела с башни вниз, _____ потемнело в глазах.
    A) у нее   B) с ней   C) ей   D) ее

42. Сейчас весь мир живет в совсем иной, _____ до кризиса, экономике.
    A) как   B) такой   C) чем   D) как бы

43. В этой стране 25 городов имеют _____ 1000-летнюю историю, а около 50 городов – 800-летнюю.
    A) более   B) более или менее   C) тем более   D) более чем

44. Завтра, когда ты _____ мимо нашего дома, позови меня.
    A) будешь ходить   B) будешь идти   C) пойдешь   D) ходишь

45. Я ни к какой политической партии не принадлежу, я сам _____.
    A) себе   B) собой   C) по себе   D) с собой

46. При проектировании сооружения нужно стремиться к тому, _____ оно соответствовало своему назначению.
    A) как   B) что   C) как бы   D) чтобы

47. _____ красное детство дано, чтобы вечно вам милым казалось оно.
    A) Только вам и B) Достаточно   C) На то вам и   D) Слишком

48. Скажите, пожалуйста, кем _____ вам этот молодой человек?
    A) приходится   B) приходит   C) пришёлся   D) приходил

49. Премия «Ника» – это высшая награда, _____ за выдающиеся достижения в области киноискусства.
    A) присуждаемая B) присуждённая   C) присудившая   D) присуждена

50. Когда мы были студентами, мы прожили в общежитии бок _____ 5 лет.
    A) в бок   B) на боку   C) с боку   D) о бок

51. _____ заводом площади планировали использовать для размещения новой производственной линии.
    A) Арендованные B) Арендуемые   C) Арендующие   D) Арендуя

52. На жестком диске недостаточно места, _____ поместить необходимый вам документ.
    A) как   B) что   C) чтобы   D) если

53. Хозяин дома не хотел дальше с нами беседовать, и нам ничего не оставалось, _____ попрощаться и уйти.
    A) если   B) как   C) чтобы   D) кроме

54. Не могу больше терпеть, вы разбрасываете мусор, а я _____. Это неэтично.
    A) уберу   B) убрала   C) убирала бы   D) убирай

55. Вы можете через этот тест проверить, _____ здоровы ваши семейные отношения.
    A) насколько   B) нисколько   C) настолько   D) несколько

ЛЕКСИКА И СТИЛИСТИКА

56. Экономисты замечают, что особенно вырос спрос _____ в последние пять лет.
    A) сырьем   B) на сырье   C) сырья   D) по сырью

57. О чем вы думали? Разве можно _____ это дело такому человеку, как Петров.
    A) доверять   B) проверять   C) верить   D) уверять

58. В понедельник с космодрома Байконур была _____ ракета-носитель с пятью космическими аппаратами.
   A) отпущена   B) запущена   C) пропущена   D) выпущена

59. У самовара масса достоинств: и экономичность, и малый _____ топлива, и вместительность.
   A) выход   B) отход   C) переход   D) расход

60. Овощи и фрукты дают организму человека витамины и минеральные _____.
   A) существа   B) вещества   C) вещи   D) предметы

61. Говорят, что мы – _____ поколение, так как мы увидели смену не только столетий, но и тысячелетий.
   A) выбранное   B) избранное   C) собранное   D) перебранное

62. У брата ничего не получается на новой работе, видимо, он сел не _____.
   A) в свою тарелку   B) на свой стул   C) в свои сани   D) за свой стол

63. Как сообщает сайт «Газета.ru», каждый пятый житель Земли, выходящий на улицу с зонтиком, берет его на _____ случай.
   A) каждый   B) любой   C) всякий   D) иной

64. Современный мир _____ в эру глобализации, которая стала основой отношений между странами.
   A) вступил   B) наступил   C) поступил   D) выступил

65. Встреча российского министра иностранных дел с коллегами из стран СНГ прошла в _____ взаимопонимания.
   A) условии   B) обстоятельстве   C) обстановке   D) положении

66. Социологи утверждают, что современному человеку важно быть _____, иметь много контактов и уметь их поддерживать.
   A) общим   B) общественным   C) обобщенным   D) общительным

67. До 30 лет отец работал слесарем, а всю _____ жизнь провел на шахтах.
   A) следующую   B) следуемую
   C) последующую   D) последовательную

68. Косвенные доказательства подтверждают, что подобная сделка вполне могла _____ в данном случае.
   A) иметь в виду   B) иметь место   C) иметь дело   D) иметь честь

69. В университете для студентов _____ все условия для занятий: библиотека, компьютерный класс, видеоаппаратура.

A) представлены   B) предоставлены   C) доставлены   D) поставлены

70. В 1949 году во всём мире _____ примерно два миллиарда четыреста миллионов человек.

A) насчитывало   B) насчитывалось   C) состоялось   D) составляло

71. В целях проведения ремонта на две недели в доме _____ горячую воду.

A) выключат   B) заключат   C) отключат   D) переключат

72. Наша фирма _____ услуги по приобретению недвижимости за рубежом.

A) ведёт   B) осуществляет   C) оказывает   D) совершает

73. Ребята, _____, а про работу не забывайте. Чтобы к вечеру всё было готово.

A) отдых отдыхом
B) отдыхать-то не отдыхали
C) отдыхай не отдыхай
D) отдохнуть-то отдохнули

74. – Эта команда редко проигрывает на своём поле.
   – Да-а-а, _____.

A) дома и стены помогают
B) ум хорошо, а два лучше
C) там хорошо, где нас нет
D) всё хорошо, что хорошо кончается

75. В строке Тургенева «Вечер ясен и тих; спят в тумане поля» используется стилистический приём _____.

A) метонимия   B) сравнение   C) метафора   D) олицетворение

ЛИТЕРАТУРА

76. В знаменитом произведении _____ А.С. Пушкин создал образ Пугачёва.

A) «Медный всадник»
B) «Капитанская дочка»
C) «Пиковая дама»
D) «Метель»

77. В 50-ые годы XX века самое важное литературное событие, которое повернуло русло советской литературы, это выход в свет романа _____.

A) «Русский лес» Л.М. Леонова
B) «Районные будни» В.В. Овечкина
C) «Оттепель» И.Г. Эренбурга
D) «Доктор Живаго» Б.Л. Пастернака

78. _____ является произведением В.В. Маяковского.

A) «Парус»
B) «Облако в штанах»
C) «Письмо к матери»
D) «Василий Тёркин»

79. Роман И.С. Тургенева «Рудин» посвящается теме _____.

A) лишнего человека
B) крепостного права
C) любви к природе
D) тоски по родине

80. В 2010 г. в России и во многих странах мира торжественно отмечали 150-летие со дня рождения великого русского писателя и драматурга _____.
    A) Ф.М. Достоевского   B) Н.В. Гоголя
    C) Н.А. Островского   D) А.П. Чехова

СТРАНОВЕДЕНИЕ

81. В «Золотое кольцо» России входит Углич, Ярославль, Суздаль, _____ и другие города.
    A) Казань   B) Рязань   C) Самара   D) Владимир

82. В устье Невы, на берегу Финского залива в 1703 году была основана _____, вокруг которой и начали строить город Санкт-Петербург.
    A) Александро-Невская лавра   B) стрелка Васильевского острова
    C) Дворцовая площадь   D) Петропавловская крепость

83. Город, в котором состоятся зимние Олимпийские игры 2014 г., находится _____.
    A) на берегу Волги   B) на берегу Черного моря
    C) на берегу Дона   D) на берегу Каспийского моря

84. Период правления _____ условно называется временами застоя.
    A) Ю.В. Андропова   B) Н.С. Хрущева   C) Л.И. Брежнева   D) М.С. Горбачева

85. Выдающийся русский художник И.И. Шишкин является _____.
    A) мастером пейзажной живописи   B) мастером исторической живописи
    C) мастером иконописи   D) мастером-портретистом

86. Храм Василия Блаженного был построен по приказу царя _____.
    A) Петра Первого   B) Николая Второго   C) Николая Первого   D) Ивана Грозного

87. Перу М.П. Мусоргского принадлежит музыкальное произведение _____.
    A) «Иван Сусанин»   B) «Руслан и Людмила»
    C) «Пиковая дама»   D) «Борис Годунов»

88. Ближайшие выборы президента РФ состоятся _____.
    A) в 2011 году   B) в 2012 году   C) в 2013 году   D) в 2014 году

89. Чеченская республика, столицей которой является Грозный, расположена _____.
    A) на Кавказе   B) в Средней Азии
    C) на Урале   D) в Западной Сибири

90. 1-ого сентября в России отмечается _____.
    A) День учителя   B) Татьянин день
    C) День знаний   D) День открытых дверей

翻译 (Перевод, 50 мин.) （参考译文见随书光盘）

1. Переведите выделенные предложения на китайский язык.

Сейчас среди молодых и не в меру честолюбивых писателей принято заявлять манифесты. Только я, не читающий всего, знаю с полдюжины. ① Не стоило бы на них обращать внимание, если бы не повторялся в них один и тот же мотив о смерти русской литературы. Молчать в таких условиях – значит вольно или невольно соглашаться с ним.

И когда принимаются уверять с наслаждением, что русская литература приказала долго жить – не там высматривают нашу литературу, не то принимают за нее. ②Она не может умереть раньше России, ибо, повторяю, она была не украшением ее, которое можно сорвать. Но если бы даже случилось так, что Россия перестала быть Россией, литература и тогда еще десятки лет продолжала бы любить ее и славить древней, незатухающей памятью.

Мы оказались вдвинуты в жестокий мир законов, каких прежде не знала наша страна. ③Столетиями литература учила совести, бескорыстию, доброму сердцу – без этого Россия не Россия и литература не литература.

Нет воли – в неволе; есть воля – на воле. Пора вспомнить это старинное правило и литературе. ④Народная воля – не результат голосования, а соединенное действие в защиту своих интересов и ценностей, в защиту, в конце концов, своего права на жизнь. К нашим книгам обратятся сразу же, как только в них явится волевая личность – не супермен, играющий мускулами и не имеющий ни души, ни сердца, не мясной бифштекс, приготовляемый на скорую руку для любителей острой кухни, а человек, умеющий показать, как стоять за Россию, и способный собрать ополчение в ее защиту.

⑤Литература может многое, это не раз доказывалось отечественной судьбой. Может – худшее, может – лучшее, в зависимости от того, в чьих она руках. Но у национальной литературы нет и не может быть другого выбора, как до конца служить той земле, которой она была взращена.

_____
_____
_____
_____
_____

2. Переведите выделенные предложения на русский язык.

第三轮中国与欧盟经贸高层对话在北京举行。双方围绕宏观经济形势、贸易与投资、竞争、创新和海关合作等议题展开了深入讨论，并达成了一系列重要共识。年初以来，中欧全面战略合作伙伴关系发展势头良好。中国已成为欧盟第二大出口市场，欧盟连续6年稳居中国第一大贸易伙伴。

_____
_____
_____

写作 (Сочинение, 40 мин.)

Напишите сочинение (не меньше 180 слов).

«Мое мнение о работе волонтеров (добровольцев)»

План:

волонтерская работа как новая форма служения обществу;

волонтерская практика в вашей жизни или в жизни ваших друзей;

значение волонтерской деятельности для формирования личности.

2013年全国高校俄语专业八级水平测试试卷

（试题答案见随书光盘）

口语表述 (Говорение, 10 мин.)

听录音（听力音频、听力原文见随书光盘）

听力理解 (Аудирование, 20 мин.)

Прослушайте тексты и задания. Выберите правильный вариант и отметьте соответствующую букву на матрице.

听录音（听力音频见随书光盘）

Текст 1

Задание 1.
A) Третье место.   B) Четвертое место.   C) Пятое место.   D) Шестое место.

Задание 2.
A) Как к врагу.   B) Как к союзнику.   C) Как к партнеру.   D) Как к сопернику.

Текст 2

Задание 3.
A) 4600 рублей.   B) 5200 рублей.   C) 5600 рублей.   D) 6000 рублей.

Задание 4.
A) Бюджет Пенсионного фонда.
B) Бюджет Национального фонда защиты детей.
C) Бюджет фонда социального развития.
D) Бюджет фонда социального страхования.

Текст 3

Задание 5.
A) Индия.   B) Канада.   C) Франция.   D) Австралия.

Задание 6.
A) На среду.   B) На пятницу.   C) На субботу.   D) На воскресенье.

Текст 4

Задание 7.
A) Завтра.   B) Послезавтра.
C) Минимум через неделю.   D) Минимум через две недели.

Задание 8.
A) Минус 15 градусов.
B) Минус 20 градусов.
C) Минус 26 градусов.
D) Минус 32 градуса.

Текст 5

Задание 9.
A) Он поздравил его с юбилеем.
B) Он поздравил его с выходом блестящего фильма.
C) Он поздравил его с открытием киноклуба.
D) Он поздравил его с созданием звездного актерского коллектива.

Задание 10.
A) Близких людей.
B) Режиссеров.
C) Представителей прессы.
D) Ведущих телепрограмм.

Текст 6

Задание 11.
A) О старте московского марафона.
B) О маршруте московского марафона.
C) О старте эстафеты Олимпийского огня.
D) О маршруте эстафеты Олимпийского огня.

Задание 12.
A) Во все столицы стран СНГ.
B) Во многие крупные города мира.
C) Во многие крупные города Европы.
D) В столицы всех субъектов Российской Федерации.

Текст 7

Задание 13.
A) 2 дня.   B) 3 дня.   C) Неделю.   D) 2 недели.

Задание 14.
A) Только 3 страны: Россия, США и Китай.
B) Больше 20 стран и регионов.
C) Более 30 стран и регионов.
D) Свыше 40 стран и регионов.

Задание 15.
A) Социальные.   B) Региональные.   C) Экологические.   D) Экономические.

综合知识 **(Грамматика, Лексика и Стилистика, Литература, Страноведение, 30 мин.)**

Прочитайте предложения. Выберите правильный вариант и отметьте соответствующую букву на матрице.

ГРАММАТИКА, ЛЕКСИКА И СТИЛИСТИКА

16. У нас на предприятии есть инженеры, которым _____ разработать новые способы компьютерной защиты.

   A) под силу B) в силу C) в силах D) изо всех сил

17. Остается надеяться, что введение платных услуг будет гарантировать _____ качество того, за что нам придется платить.

   A) как бы B) хотя бы C) если бы D) вроде бы

18. В своих произведениях современный писатель В. Пелевин показывает странный, но вполне _____ читателем мир.

   A) узнающий B) узнанный C) узнаваемый D) узнавший

19. Существовали, правда, непреодолимые технические трудности, но на то и человек, _____ разрешать их.

   A) как B) как бы C) что D) чтобы

20. Он одинок, и ему трудно прожить только на маленькую пенсию: много денег уходит _____.

   A) на лекарства B) к лекарствам C) с лекарствами D) за лекарствами

21. Встреча российского министра иностранных дел с коллегами из стран СНГ прошла в _____ взаимопонимания.

   A) условии B) обстановке C) положении D) обстоятельстве

22. Петров большой мастер елку украшать, _____ год, все новое придумывает.

   A) как ни B) где ни C) что ни D) когда ни

23. Если человек хочет сохранить себя и _____ подобных, то он должен продолжать заниматься наукой.

   A) себя B) на себя C) себе D) по себе

24. Творя науку, человек раздвигает границы познания, обеспечивая _____ свое собственное развитие.

   A) тем более B) тем самым C) более того D) само собой

25. Соседи удивлялись: не проходило и дня, чтобы эта супружеская пара _____.

   A) ссорилась B) не ссориться C) поссорилась D) не поссорилась

26. Такие строительные работы можно проводить только в том случае, _____ температура воздуха не ниже +5 °C.

   A) раз B) чтобы C) если D) что

27. _____ полиция на 5 минут, ребенка не удалось бы спасти.
   A) Опоздай   B) Опоздала   C) Опоздайте   D) Опоздали

28. Городской суд _____ жалобу жителей на химзавод, который постоянно выпускает в реку вредные отходы.
   A) осмотрел   B) посмотрел   C) рассмотрел   D) присмотрел

29. Перед собеседованием надо поинтересоваться, _____ реально пройти испытательный срок.
   A) несколько   B) насколько   C) нисколько   D) настолько

30. Права и обязанности супругов возникают со дня государственной регистрации _____ брака в органах ЗАГС.
   A) исключения   B) включения   C) заключения   D) подключения

31. К предстоящему походу надо готовиться как следует, ведь в безграничной степи может случиться.
   A) каждое   B) всякое   C) любое   D) иное

32. Русская литература золотого века стала неким единством, перед которым _____ различия между отдельными писателями.
   A) поступают   B) выступают   C) отступают   D) наступают

33. _____ стиль реализуется в таких жанрах, как заметка, репортаж, очерк, интервью и др.
   A) Научный   B) Газетно-публицистический
   C) Разговорно-бытовой   D) Официально-деловой

ЛИТЕРАТУРА

34. «Темные аллеи» И. Бунина – уникальная в русской литературе XX века книга, где все 38 рассказов посвящены теме _____.
   A) семьи   B) природы   C) любви   D) Родины

35. Героиней романа Л. Толстого «Воскресение» является _____.
   A) Наташа Ихменева   B) Наташа Ростова
   C) Катюша Маслова   D) Соня Мармеладова

36. В основу произведения _____ Пушкин положил реальное событие, произошедшее в Петербурге.
   A) «Метель»   B) «Станционный смотритель»
   C) «Медный всадник»   D) «Евгений Онегин»

37. _____ входит в число известных литературных критиков XIX века.
   A) Ф.И. Тютчев   B) Н.А. Некрасов   C) Н.М. Карамзин   D) В.Г. Белинский

38. Автором произведения «Записки из мертвого дома» является _____.
   A) Ф.М. Достоевский   B) А.Н. Островский
   C) Н.В. Гоголь   D) М.А. Булгаков

39. Из названных ниже писателей _____ не относится к представителям литературы русской эмиграции.
   A) В.В. Набоков   B) М.И. Цветаева   C) И.А. Бунин   D) М.А. Шолохов

СТРАНОВЕДЕНИЕ

40. Строительство _____ началось в 1703 году по приказу Петра I. Этот год считается годом основания Санкт-Петербурга.
   A) Зимнего дворца   B) Летнего дворца
   C) Исаакиевского собора   D) Петропавловской крепости

41. Самое крупное танковое сражение в Великой Отечественной войне проходило _____.
   A) под Смоленском   B) под Сталинградом
   C) под Москвой   D) под Курском

42. В. Суриков, автор картины _____, является мастером масштабных исторических полотен.
   A) «Утро стрелецкой казни»   B) «Последний день Помпеи»
   C) «Троица»   D) «Иван Грозный и сын его Иван»

43. _____ является одним из выдающихся композиторов Серебряного века русской культуры.
   A) С.В. Рахманинов   B) М.И. Глинка
   C) Д.Д. Шостакович   D) М.П. Мусоргский

44. Татьянин день – это праздник _____.
   A) учителей   B) школьников   C) преподавателей   D) студентов

45. 20 декабря 2012 года В. Путин заявил, что Россия уже завершила строительство «Северного потока», по которому будут транзитировать _____.
   A) лес   B) нефть   C) газ   D) электроэнергию

阅读理解 (Чтение, 30 мин.)

Прочитайте тексты и задания. Выберите правильный вариант и отметьте соответствующую букву на матрице.

Текст 1

После школы я поступила в университет на экономический, хотя собиралась на филологию. Мама сказала, что экономика – наука будущего, а филология в условиях рынка никому не нужна.

Я встречаюсь с мальчишкой Толей. Сам Толя меня раздражает. Он правильный, а мне нравятся неправильные. Впереди, как нескончаемое поле, раскатилось мое будущее с неинтересной профессией и неинтересной личной жизнью...

Сегодня тридцать первое декабря. Новый год. Мы договорились с Толей встретиться у метро и пойти в компанию. Встретились... Мне стало тоскливо. От Толи исходила вялая энергия, похожая на смог в большом городе.

– Все отменяется, – сказала я. – Мне надо вернуться домой.
– Почему? – оторопел Толя.
– Потому что Новый год – семейный праздник.

Возле метро раскинулся цветочный базарчик. Я подошла к черному парню и купила у него одну розу.

На моих часах – одиннадцать вечера. В это время все нормальные люди сидят за накрытым столом. Готовятся провожать старый год. А я сижу в автобусе. Я – с розой.

На одной из остановок в автобус вошел солдат – высокий, с большими руками и ногами... Я смотрела на него, что-то неуловимо знакомое в руках, наклоне головы... Я пыталась уловить это неуловимое и вдруг: Борька Карпов! Он конечно же окончил школу, потом армия.

Все пять лет я мечтала встретить этого человека и сказать ему слова упрека. Я даже приготовила эти слова. Но они предназначались другому Борьке – красивому, хозяину жизни. А не этому, в казенной шинели...

Я подошла и сказала:

– Привет!

Борька повернул ко мне лицо, увидел перед собой красивую девушку с красивым цветком. Как на календаре. Он смутился.

– Не узнаешь?

Мы не виделись пять лет. За это время я из подростка превратилась в девушку.

– Ты Борька Карпов? С Новым годом!

Я протянула ему розу. Борька не взял, онемел от удивления. Тогда я положила ее ему на колени. Как на памятник.

Автобус остановился. Я спокойно сошла.

Борька смотрел на меня из освещенного окна. И вдруг узнал. Его глаза вспыхнули узнаванием и стали красивыми, потому что в них появился смысл и радость.

Дома меня встретили папа, мама, бабушка и кошка. Они удивились, но обрадовались. Мы успели проводить старый год, выслушать приветственную речь президента. Президент был тщательно расчесан, в красивом костюме. Было видно, что у него все получится, а значит, и у нас. Потом забили куранты. Мы поднялись с бокалами и закричали: «Ура!» И кошка тоже включила свой моторчик и запела о том, что жизнь прекрасна, несмотря на быстротечность и на бессмысленную жестокость. Несмотря ни на что...

46. Почему героиня рассказа поступила на экономический факультет?
A) Ей давно нравится экономика.
B) Она последовала совету матери.
C) Ее не приняли на филологический факультет.
D) На экономическом факультете учится Толя.

47. Почему девушка раздумала идти с Толей в компанию?
A) Ее ждали дома.   B) Она поссорилась с Толей.
C) Ей стало скучно с Толей. D) Ее ждала встреча с Борькой.

48. Где и с кем девушка встретила Новый год?
A) Дома с родными.   B) Одна в вагоне метро.
C) С Борькой в автобусе.   D) Со своим парнем в компании.

49. Что внушило девушке выступление президента по телевизору?
A) Готовность к жестокой жизни.   B) Симпатию к президенту.
C) Уверенность в светлом будущем. D) Уважение к семейной традиции.

Текст 2

В последнее время появилась целая наука о том, как экономить время. Наука об экономии времени называется тайм-менеджмент. О том, что в сутках всего 24 часа, наверное, пожалел каждый из нас, кто ценит свое время, хотя бы раз в жизни. Время летит быстро, а хочется многое успеть.

Попробуйте в каждом деле экономить немного времени, и, быть может, вы забудете о вечной спешке.

Целесообразно организовать подъем немного раньше, чем обычно – таким образом у вас будет достаточно времени, чтобы не спеша обдумать план мероприятий на день. Ложиться спать нужно также пораньше. Время сна должно быть по возможности постоянным.

Для экономии времени важно распределить дела по приоритетам. Сначала пусть идут самые важные дела. Именно на них вы потратите большую часть времени. На важных делах, как правило, время особо не сэкономишь. Затем по списку идут не столь важные мероприятия. Отдельным списком вынесите срочные дела, которые нужно закончить как можно скорее. Не откладывай на завтра то, что можно сделать послезавтра – лозунг для тех, кто не умеет экономить время.

Умение экономить время подобно марафону. Вы должны четко распределить свои силы на всей дистанции. Если вы руководитель или работаете в команде, экономия времени может быть получена путем грамотного распределения функций. Каждый человек для экономии времени должен делать то, что он может делать лучше других. Иногда для экономии времени лучше обратиться к профессионалам.

Однако ничего страшного, если все идет не так, как вы планировали. Необходимо оптимизировать свое время не только заранее, но и на ходу. Вносить коррективы в свое расписание нужно согласно общему плану дел. Для экономии своего времени полезно вести своеобразный календарь на день. Это позволит учесть причины лишней траты времени и позволит сэкономить время в дальнейшем. Календарь – хороший способ проанализировать причины отклонений от плана.

Когда вы эффективнее? Для экономии времени определите, в какие часы суток вы работаете наиболее эффективно. Самые важные, напряженные дела, требующие высокой концентрации и творческого подхода, целесообразно делать именно в это время. Это сэкономит большую часть того времени, которое можно сэкономить. Отдых для тайм-менеджмента также важен, как и работа. Планируя свое время, оставьте обязательно час на отдых и распределите его. Это поможет экономить время при переключении с одной задачи на другую.

Учитесь полностью расслабляться, отдыхать от всего и не думать о делах. Иногда это лучший способ возобновить работу эффективно. Такой отдых придает новые силы, которые необходимы для экономии времени в новых задачах.

50. Зачем автор советует вставать раньше, чем обычно?
A) Чтобы не спешить на работу.
B) Чтобы оптимизировать свое время на ходу.
C) Чтобы осталось время для обдумывания плана на день.
D) Чтобы легче переключиться с одной задачи на другую.

51. На каких делах невозможно сэкономить время, по мнению автора?
A) На срочных делах.   B) На напряженных делах.
C) На наиболее важных делах.   D) На наиболее трудных делах.

52. В чем сходство тайм-менеджмента и марафона?
A) В обоих случаях требуется длительное время.
B) В обоих случаях время особо не сэкономишь.
C) В обоих случаях необходимо обращаться к профессионалам.
D) В обоих случаях нужно целесообразно распределять силы.

53. Как нужно относиться к отдыху с точки зрения тайм-манеджмента?
A) Во время отдыха составлять план работы – это способ экономить время.
B) Для тайм-менеджмента отдых нужен, но не так важен, как работа.
C) Хороший отдых обеспечивает экономию времени в новых делах.
D) Отдыхать, думая о важных делах, – способ быстро возобновить работу.

Текст 3

Большинство студентов России уже слышали о предстоящих новшествах в сфере образования, о введении так называемой Болонской системы.

Дискуссии о новой системе высшего образования ведутся уже почти два года, сразу после того как в рамках встреч «Большой восьмерки» министр образования и науки объявил о том, что уже к 2010 году российские чиновники планируют полностью приравнять систему высшего образования к европейским стандартам.

Новая система образования уже успела найти как своих сторонников, так и ярых противников в кругах не только студентов, но и их преподавателей.

Но в чем же проблема? Настолько ли серьезной она является? Прежде чем ответить на эти вопросы, нужно разобраться, что же в целом представляет собой Болонская система.

Болонская система предполагает две ступени обучения. Студент сам решает, кем ему быть – магистром или бакалавром. Бакалавр больше ориентирован на практическую деятельность, а магистр – на научно-педагогическую, причем предполагается, что все магистратуры будут платными. Таким образом, молодому человеку придется выбирать: будет ли он реализовывать полученные навыки на рынке труда, тем самым останется бакалавром, либо же будет платить деньги за получение статуса магистра.

При всем при этом не избежать введения системы кредитных часов, иными словами, будут учитывать часы лекций, прослушанных студентом в аудиториях. Фактически, это дает студенту возможность самому контролировать свой учебный процесс. Он сам следит за тем, чтобы к последнему курсу вдруг не оказалось, что его уровня образования не хватает для получения диплома. На практике это заставляет студентов внимательно следить за тем, сколько баллов стоит каждый курс и каждый предмет, который он посещает, и достаточно ли суммы кредитов для получения диплома.

Также планируется ввести новую систему оценивания. Тут больше всего пострадают недобросовестные студенты, привыкшие спать дома во время лекций. Присутствие на семинарах и практических работах, к счастью студентов-тружеников, поощряется «автоматом», как обычно на усмотрение преподавателя. Еще одним, самым важным, по мнению специалистов, моментом является то, что студенты смогут посещать лекции по выбору. Но не все так легко, по выбору – не означает «как хочу», «что интересно». Существует три группы дисциплин: а) обязательные дисциплины, включающие в себя цикл общеобразовательных предметов, и основные профессиональные дисциплины; б) цикл профессионально ориентированных дисциплин, также обязательных к изучению; в) дисциплины свободного выбора. Вот тут вы можете развернуться по полной – курсы со всех факультетов университета к вашим услугам. Такая система, а также возможность свободного посещения лекций, заставляет преподавателя прилагать усилия к тому, чтобы их курс был более интересным.

54. Среди кого вызвала особый резонанс Болонская система?
A) Среди ректоров университетов.
B) Среди российских чиновников.
C) Среди студентов и преподавателей.
D) Среди министров образования «Восьмерки».

55. В чем суть введения системы кредитных часов?
A) Она дает возможность студенту самому контролировать свой учебный процесс.
B) Она предполагает платное образование в вузах.
C) Семинары и практические работы не включены в кредитные часы.
D) Для получения диплома нужно гораздо больше лекционных часов.

56. Как повлияет на преподавателей введение Болонской системы?
A) Им будет легче, так как студенты будут сами себя контролировать.
B) Им нужно делать курс более интересным, чтобы привлечь студентов.
C) Им надо следить за тем, смогут ли студенты получить дипломы.
D) Им нужно больше беспокоиться за недобросовестных студентов.

57. Какое из следующих высказываний не соответствует содержанию текста?
A) В России планируется ввести новую систему оценок.
B) Болонская система предполагает две ступени обучения.
C) Для получения диплома нужна определенная сумма баллов.
D) Студенты могут выбирать лекции целиком исходя из своих интересов.

Текст 4

Добровольцы или волонтеры – это те, кто оказывает бескорыстную помощь людям либо какому-нибудь делу. Они дежурят возле больных, реставрируют храмы, чистят водоемы и убирают мусор в лесах, заботятся о сиротах. Их в России по-прежнему слишком мало, чтобы кардинально решить запущенные социальные проблемы. Волонтерская работа не в решении задач состоит, а в посильной помощи: что могу сделать сам, то и делаю.

Первое движение нормальной души – помочь там, где больше всего страдают самые невинные и беззащитные. И конечно, помогающему очень хочется увидеть результат своих усилий, убедиться, что они меняют мир к лучшему. Именно поэтому основной объем волонтерской помощи в России приходится на детские дома и больницы: больного ребенка можно вылечить, детский дом отремонтировать, сироту устроить в семью. Здесь – самая острая боль, самая явная несправедливость. Поэтому программы помощи детям собирают самое большое количество средств и добровольцев.

Куда меньше желающих помогать там, где деньги и усилия не изменят мир, не приведут к исцелению, не принесут немедленной отдачи: одиноким старикам, обитателям психоневрологических интернатов и домов престарелых да и просто взрослым больным, которым нужны деньги на лечение...

Не слишком популярна в обществе и помощь животным, и экологическое волонтерство: какие там парки и реки, какие бездомные кошки, когда люди страдают! И хотя объем помощи здесь значительно меньше, существуют организации, стабильно работающие в этих направлениях и привлекающие к своим проектам волонтеров. Скажем, добровольцы «Гринписа» чистят берега рек, сажают деревья. Благотворительный фонд помощи бездомным животным «Пес и кот» опекают попавших в беду зверей, собирают деньги на лечение, находят им новых хозяев.

«Мы спрашиваем волонтеров на собеседовании, что их к нам привело, – говорит Владимир Хромов, член правления и координатор по волонтерам. – Все отвечают примерно одинаково и очень просто: хочу чем-то помочь страдающим».

В общем, не важно, что движет каждым конкретным волонтером – желание спасать мир или собственную душу, любовь к ближнему или жажда быть нужным. Желание сообща делать хорошее дело – это естественная человеческая потребность. Сострадание – обычное чувство для нормального человека; а что выбрать – закрываться от людей или открываться им, это личный выбор.

58. Какие программы собирают больше средств и добровольцев?
A) Программы помощи детям.　　B) Программы помощи больным.
C) Программы помощи животным.　D) Программы помощи старикам.

59. Что чаще всего служит мотивацией для волонтерства?
A) Чувство отзывчивости.　　　　B) Жажда личной славы.
C) Поиск материальной выгоды.　D) Стремление к познанию общества.

60. Что представляет собой экологическое волонтерство?
A) Это работы по защите окружающей среды.
B) Это сбор денег на лечение заболевших зверей.
C) Это работы по реставрации памятников культуры.
D) Это решение запущенных социальных проблем.

61. Как развивается волонтерское движение в России?
A) Становится все меньше желающих помогать.
B) По-прежнему мало волонтерских организаций.
C) Волонтерское движение довольно популярно.
D) Уже существует много волонтерских организаций.

Текст 5

Те, кто хоть раз пользовался Интернетом, знают, что с русским языком там все время что-то происходит. Искажается орфография, в тексте появляются рожицы, встречаются непонятные слова и даже выражения. Но главное отличие заключается не в языке, а в способах и условиях его использования.

Истории человечества известны две формы существования языка – устная и письменная. Письменная форма вторична по отношению к устной и появилась позже. С помощью письма можно передавать информацию через пространство и время. Устная речь мгновенна, потому плохо сохраняется и не передается на далекие расстояния (так было до изобретения записывающих и передающих устройств типа магнитофона и телефона). А такая нужда постоянно возникала и возникает.

Глаголы со значением писать в разных языках этимологически восходят к двум идеям. Первая – идея царапанья, вторая – нанесения краски на поверхность. Это два традиционных способа изображения знаков. Сегодня ситуация изменилась. Мы все чаще имеем дело с текстом на экране компьютера, а его мы не пишем. Мы нажимаем на клавиши, и происходит некое чудо – на экране возникают буквы.

С появлением Интернета появился и некий промежуточный тип коммуникации, который в каком-то смысле является письменным (визуальным), а в каком-то – устным. По способу восприятия это визуальная речь, то есть она воспринимается глазами...

В Интернете письменных средств недостаточно для полноценного общения. У обоих видов общения – устного и письменного – есть свои достоинства и недостатки. Достоинства письменной речи – она хорошо хранится, передается на далекие расстояния, она нормативна, ее можно анализировать. Но у устной речи тоже есть свои достоинства. Она первична исторически. Да и на синхронном уровне письменная речь – это запись устной. Устная речь гораздо быстрее письменной. Когда мы сталкиваемся с иностранным языком, у нас возникают проблемы именно с восприятием устной речи. Мы не успеваем ее проанализировать. Но для родной речи скорость – достоинство. И наконец, она гораздо богаче письменной. Среди ее средств громкость, всевозможные интонации, особые выделения фрагментов речи голосом. Устную речь, как правило, сопровождают мимика и жесты. Именно поэтому иногда письменная речь вызывает обиду, а ее устный аналог нет.

Если большая часть коммуникации переходит в область письма, неизбежно встает вопрос о недостаточности письменной речи. Неизбежно должно происходить ее обогащение. Самый простой пример – это смайлики. Сначала возникли очень простые значки ☺ и ☹. Чему соответствуют такие смайлики? Они демонстрируют настроение. В речи мы в этой ситуации обычно используем особую мимику. Смайлики могут передавать и иронию. В обычном разговоре ирония передается с помощью интонации. Так что можно сказать, что смайлики выполняют функцию и мимики, и интонации.

Таким образом, происходит развитие формальных письменных средств.

62. Что происходит с русским языком с появлением Интернета?
A) Нередко возникает нарушение правописания.
B) Из-за Интернета люди все реже читают на русском языке.
C) Увеличиваются различия между устной и письменной речью.
D) Русский язык становится недоступным для его носителей.

63. Чем отличается письменная форма языка?
A) Она, как и устная речь, вторична.
B) Она является самой древней формой общения.
C) Она плохо передается через время и пространство.
D) Она хорошо сохраняется и передается на расстояние.

64. Какая особенность устной речи служит плюсом в родной речи, но минусом в восприятии иностранного языка?
A) Быстрота потока речи.
B) Обилие мимики и жестов.
C) Наличие всевозможных интонаций.
D) Выделение фрагментов речи голосом.

65. Почему в языке Интернета появились смайлики?
A) Они вошли в общение как необходимый элемент.
B) Они появились как заместители письменной речи.
C) Они появились в связи с особенностями устной речи.
D) В письменной речи недостаточно средств для выражения эмоций.

翻译 (Перевод, 50 мин.) （参考译文见随书光盘）

1. Переведите выделенные предложения на китайский язык.

Москва гордится своими историческими древностями, она сама историческая древность и во внешнем и во внутреннем отношении. Но сегодняшняя Москва с ее древностями представляет странное зрелище: от старого Кремля едва остался один чертеж, потому что его ежегодно поправляют, в нем возникают новые здания.

Ничто в мире не существует напрасно: если у нас две столицы – значит, каждая из них необходима, а необходимость может заключаться только в идее, которую выражает каждая из них. И потому Петербург представляет собою одну идею, Москва – другую. В чем состоит идея того и другого города, это можете узнать, только проведя параллель между тем и другим.

_____
_____
_____
_____

2. Переведите выделенные предложения на русский язык.

如果说中国外交政策有什么新意，那就是更加突出了"共赢"的理念。这不仅仅是经济概念，更是一个战略理念，它涵盖了国际事务的方方面面：经济上寻求共同利益、共同繁荣；政治上相互尊重、平等相待；文化上相互理解，共生共存。共赢与和平、发展、合作一道，共同构成中国对外方针政策的核心内涵。

写作 (Сочинение, 40 мин.)

1. Прочитайте и изложите свое мнение по прочитанному (не меньше 180 слов).

Что такое счастье, каждый понимает по-своему. Одни видят счастье в благополучном материальном состоянии, другие более заботятся о духовном благополучии. А как вы понимаете счастье?

2. Напишите объявление о фестивале русской культуры, в котором необходимо указать:
1) организатора фестиваля;
2) дату и время проведения фестиваля;
3) место проведения фестиваля.